AF450926

Editorial
NUN

Razón y persona en la persuasión

Textos sobre diálogo y argumentación

Catalogación de obra

Jiménez Cataño, Rafael

Razón y persona en la persuasión.
Textos sobre diálogo y argumentación

1a. edición italiana, 2012
1a. edición mexicana, 2020

ISBN: 978-607-98572-8-8

Editorial Notas Universitarias, S. A. de C. V.
Impreso en la Ciudad de México 2020.

Formato: 15 × 21 cm

170 pp.

Editorial Notas Universitarias, S. A. de C. V.

Xocotla 17, Tlalpan Centro, alcaldía Tlalpan,
Ciudad de México, C. P. 014000

www.editorialnun.com

ISBN: 978-607-98572-8-8

Dirección editorial y diseño de portada: Miryam Meza Robles:
Corrección de estilo y edición: Felipe G. Sierra Beamonte

Impreso en la Ciudad de México 2020

Razón y persona en la persuasión

Textos sobre diálogo y argumentación

Rafael Jiménez Cataño

Índice

Introducción

La persuasión es el concepto central de la retórica y desde que esta centralidad cobró nuevo vigor gracias a la "nueva retórica"[1] –que no por nada se hacía casi coincidir con una teoría de la argumentación–, y se ha adquirido una conciencia renovada del carácter vital del argumentar y el persuadir. La demostración y el razonamiento formal pueden gozar de validez en sí mismos, sin referencia a un destinatario. En cambio, la validez de la argumentación no se puede estudiar en su integridad sin conocer al público al que se dirige, sin saber qué significa para el hablante y para el interlocutor, sin saber nada de las circunstancias en las que la argumentación tiene lugar.

Ciertamente alguna observación general se podrá hacer, pero siempre a sabiendas de que se está exponiendo una idea que después habrá que saber insertar en la situación concreta. Es posible también interrogarse por la eficacia concreta de una demostración, pero la pregunta, en este caso, se refiere precisamente al valor persuasivo de la demostración. No es una casualidad que el complemento del verbo "demostrar" sea una tesis ("demostré que p"), mientras que el complemento del verbo "persuadir" es una persona ("persuadí a Fulano").

[1] Cfr. Chaïm Perelman, Lucie Olbrechts-Tyteca, *Tratado de la argumentación. La nueva retórica*, Madrid, Gredos, 1989.

Es éste el hilo que une los textos recogidos en el presente volumen, nacidos todos en un marco académico, aunque luego hayan asumido diversos formatos: artículos, comunicaciones de congreso y reelaboraciones de estas últimas. La primera parte recoge varios artículos de la columna "La bendición de Babel", que escribí durante cuatro años para la revista *Ixtus*[2] (1, 2, 4 y 6). Otro texto (7) habría podido tener el mismo origen, pero preferí recoger uno más preciso que presenté en un congreso, del cual extraje después el primer artículo de la serie y el título de la columna misma. Otro artículo (3) apareció en la revista *Conspiratio*[3] (que en cierto sentido continuó la actividad de *Ixtus* cuando ésta interrumpió su publicación), para la cual mantuve la columna "Elogio de la impureza". Y en fin, un texto con función integradora (5) viene de una intervención en un congreso y de algún modo completa la primera parte de este volumen.

El perfil vital de *Ixtus*, que podríamos denominar cristiano-grandhino, puede ayudar a comprender el carácter de estos textos, por la sensibilidad que cabía prever en la mayor parte de sus lectores. Cuando escribía para ellos, sentía como filósofo una gran libertad, que me venía de la convicción de que no estarían muy preocupados por distinguir con precisión entre lo que viene de la experiencia sensible y de la elaboración racional y lo que nace en un ámbito religioso, distinción que no desvelaba a Gandhi ni a muchos representantes de filosofías del siglo xx –fenomenología, existencialismo, hermenéutica–, con las que me siento en particular sintonía, mientras difícilmente me reconozco en otras sensibilidades que tienden a ser inexorables en la delimitación del alcance de la razón, como sucede en el cientificismo, en las posiciones más racionalistas del neotomismo y en buena parte de la filosofía analítica.

Restar relevancia a esa distinción en un ámbito dialógico-argumentativo no es renunciar al rigor metodológico, sino profesar una determinada concepción de lo que es la razón y de lo que es el hombre. El hombre no es sólo razón: los recursos de la razón no agotan la totalidad de los recursos

---

[2] Revista fundada por Javier Sicilia en 1993 y dirigida por él hasta su extinción en 2007.

[3] Revista igualmente fundada y dirigida por Javier Sicilia, de 2009 a 2012.

del hombre, y esto es de capital importancia en el campo que nos ocupa. Buena parte de los avances en la capacidad dialógica consisten en un progresivo ensanchamiento del horizonte, que de ordinario supone la superación de frenos de carácter racionalista: la inteligencia humana no es sólo razón, es también intelecto; para persuadir no basta razonar bien, pues también hay que infundir confianza y establecer sintonía emotiva (*logos*, *ethos* y *pathos*, en términos clásicos); el lenguaje no es sólo semántica (significado de los signos) sino también pragmática (*uso* de los signos, relación con sus usuarios).

La enumeración de aspectos en que el reduccionismo nos frena podría continuar. Quisiera por ahora añadir sólo una reflexión sobre la naturaleza de la verdad que ilustra bien el lugar de esta noción en la dinámica argumentativa: la verdad no es todo. La verdad es débil al menos en dos aspectos, muy evidentes: *a)* es posible tener la verdad sin poder hacerlo valer (¿cuántas veces hemos vivido la experiencia de tener razón y que no nos crean?); *b)* con la verdad se puede engañar, corromper, maleducar (la mejor desinformación suele ser la que dice sólo verdades).

Se dice que al final la verdad vence siempre. Yo estoy convencido de que es así, y Aristóteles asegura que "la verdad y la justicia son por su propia naturaleza más fuertes que sus contrarios".[4] Sin embargo, si no queremos esperar al juicio final hay que anticiparle vigor a la verdad. Los dos aspectos de su debilidad nos conducen de la mano a la noción aristotélica de retórica, la "facultad de descubrir lo que es adecuado en cada caso para convencer",[5] que a mí me gusta reformular como sigue: el arte de hacer que la verdad parezca verdadera. ¡No es poco arte! ¿Qué no daría un padre por la capacidad de presentar a sus hijos las cosas de tal manera que éstos las vean del modo adecuado? ¿Qué no daría un maestro? ¿Qué no daría alguien que se dispone a declarar su amor?

El hombre no es sólo razón, decíamos, y nos dispusimos a enumerar otros recursos del hombre. También podemos superar el reduccionismo

---

[4] *Retórica*, I, 1, 1355a20.

[5] *Ibid.*, I, 2, 1355b25. Modifico ligeramente la traducción de Quintín Racionero, *Retórica*, Madrid, Gredos, 1994.

explorando la noción de razón. Son varios los modos de distinguir tipos de razón, entre los cuales está la distinción elaborada por Carlos Pereda, que llama "razón austera" la propia del cálculo, de la semántica unívoca, de la exactitud, y "razón enfática" la que admite el lenguaje figurado, la probabilidad, la que toma en cuenta la historia de los conceptos y de los términos, la que considera relevante quién dice una cosa y a quién la dice.[6] La razón enfática no es una razón de segunda clase. Tan no lo es, que Pereda afirma que "defender una razón enfática es la mejor defensa de la razón".[7] La razón austera es una especialización de la razón. Para articular la razón austera con la racionalidad humana en su plenitud es indispensable el papel de la razón enfática. Octavio Paz, a propósito de ciertos callejones sin salida a los que la razón parece a veces orillarnos, que han llegado a sugerir la invitación al silencio (evidente alusión a la conclusión del *Tractatus* de Wittgenstein), decía: "Quizá sea lo más racional, no lo más sabio".[8]

Otra observación sobre el tono de los textos aquí recogidos es la convicción de que el ensayo filosófico tiene un valor que se debe defender ante el tecnicismo impuesto por los criterios formales de la meritocracia académica actual, lo que Guillermo Hurtado llama "la dictadura del *paper*". De ahí que no se renuncie en este volumen al uso la primera persona ni a otros recursos del lenguaje vedados por la profesionalización de la filosofía, según la cual

> la prosa de la tesis de filosofía debe tener la aridez de las ciencias. El director obliga a su pupilo a eliminar cualquier recurso retórico mal visto por la academia. Para consolarlo, quizá le diga que cuando se gradúe podrá escribir como quiera, pero eso es falso. Ni siquiera los profesores definitivos tenemos carta blanca. Las instituciones en las que labora

---

[6] Una terminología usada por Marcelo Dascal para una distinción semejante es: *hard reason/soft reason*. Cfr. "Argument, war, and the role of the media in conflict management", en Tudor Parfitt, Yulia Ergorova (eds.), *Jews, Muslims, and the Mass Media: Mediating the "Other"*, Londres, Routledge Curzon, 2004, pp. 228-248.

[7] *Vértigos argumentales. Una ética de la disputa*, México, Anthropos/Universidad Autónoma Metropolitana, 1994, p. 320.

[8] *Conjunciones y disyunciones*, México, Joaquín Mortiz, 1985, p. 42.

mos exigen que publiquemos sin parar artículos en revistas especializadas.[9]

La segunda parte de este volumen recoge principalmente textos de congresos sobre diálogo, retórica y argumentación: cinco de ellos son comunicaciones (1, 3, 4, 5 y 7), tres de las cuales fueron publicadas después en las actas correspondientes (4, 5 y 7), una fue publicada en una revista (1) y otra, reelaborada, ve aquí la luz por primera vez (3). Los otros dos textos son un artículo (2) escrito como complemento del primero y un capítulo (6) de un volumen colectivo.

Esta versión en español aparece a ocho años de la primera edición italiana, de 2012[10]. Los principales cambios se encuentran al final de algunos capítulos a modo de actualizaciones que señalan textos posteriores relacionados con los respectivos temas. Las demás variantes se limitan a algunas correcciones y a la actualización de los enlaces de hipertexto y de algunas referencias bibliográficas. En todo esto la presente edición española coincide con la inglesa y con la segunda italiana, ambas de 2020.

El compromiso de hacer valer la relevancia del elemento personal y existencial en la construcción del diálogo podría parecer algo obvio, pero los esfuerzos encaminados a obtener rigor metodológico comportan con frecuencia un alto índice de abstracción, de tal manera que incluso cuando uno está animado por las mejores intenciones es posible perder el contacto con el suelo.

Una vez, en Palermo, tuve ocasión de afrontar el tema de la interdisciplinariedad en una intervención titulada "Diálogo de los saberes", pronunciada ante un público de docentes universitarios. Alguien insinuó que, en el fondo, yo había hablado del diálogo "de los sabores". Con todo y que se trataba de un juego de palabras, el uso de los parónimos no carecía de fundamento. Lejos de aventurarme con casco de epistemólogo por los recovecos de la interdisciplinariedad, me había esmerado por hacer que los

---

[9] Guillermo Hurtado, "La dictadura del *paper*", *Diario la razón*, 4 de junio, 2016 [en línea], disponible en <https://www.razon.com.mx/columnas/la-dictadura-del-paper/>, consultado el 17 de abril de 2020.

[10] *Ragione e persona nella persuasione. Testi su dialogo e argomentazione*, Roma, Edusc, 2012.

oyentes descubrieran los recursos para el diálogo entre disciplinas en la propia capacidad de conocer al *otro*: la acogida de un huésped, esa escuela de alteridad que es la familia, la experiencia de la traducción.

Estoy convencido de que la capacidad de apreciar el profundo sentido humano de una mesa bien puesta, a través de la cual se establece un encuentro de personas y se coloca uno en una tradición cultural, puede resultar de la mayor eficacia para el diálogo entre las disciplinas, aun más que un curso de metodología. De aquí el juego de palabras, al que los oyentes –sicilianos en su mayoría– estaban ya inclinados gracias a la cocina de que gozan.

No voy a ir tan lejos en esta recolección de ensayos. Si bien no va a faltar esta sensibilidad, la exposición tratará de temas propios de la lingüística y de la retórica clásica. Para los textos sobre la cortesía, las aulas fueron un excelente banco de prueba que confirma la relevancia del tema en un campo dialógico. Y, junto con los congresos sobre diálogo y argumentación, también lo fueron para mi enfoque de la buena voluntad. Todos los temas, de un modo u otro, pasaron por la mesa.

La verdad y sus formulaciones

1. Mi verdad, tu verdad[*]

Es siempre grande el pesar de ver que una conversación prometedora se bloquea porque a un interlocutor le pareció que faltaba una premisa esencial para el diálogo. Ese *impasse* se da a veces por una diferencia entre los interlocutores que se podría describir –si usamos para cada extremo la etiqueta que le pondría el otro– como la que hay entre relativismo y fundamentalismo.[1]

Aunque bien podría suceder que de verdad dialogaran un fundamentalista y un relativista, mi intención aquí es analizar los casos en que los interlocutores no son ni una cosa ni otra, pero podrían parecerlo. Aquí, por lo pronto, partiré desde la perspectiva del que podría parecer fundamentalista.

1.1. El realismo impulsivo

Contemplemos por tanto la tesitura de quien trata de evitar que le cierren las puertas porque su modo de expresarse haga pensar que no admite pluralismo. Para tal fin es útil conocer cuáles son las expresiones y las estrategias que suelen tomarse como propias del no pluralista. Conviene contar

---

* Publicado originalmente en *Ixtus*, 2006, núm. 56, pp. 20-23 (columna "La bendición de Babel").
[1] En el siguiente capítulo expongo esta polaridad.

también con la posibilidad de que haya de verdad una cierta rigidez, eliminable con una mejor comprensión de lo que significa pluralismo, y para eso lo que hace falta es conocer las razones del pluralismo y los motivos por los cuales es posible el relativismo.

Entre las fórmulas más usadas para *profesar* realismo podemos mencionar las siguientes: "la verdad es una", "la verdad es objetiva", "la verdad es la realidad", "la verdad es esto" (mientras se toca un objeto sólido[2]), "la verdad no es ni tuya ni mía", "la verdad es absoluta". Ante declaraciones como éstas, muchos ya no siguen adelante porque consideran inviable o inútil hablar con una persona que se expresa de esa manera. Las fórmulas que suelen percibirse como relativistas son en buena parte el revés de las anteriores: "no hay verdades absolutas", "ésta es mi verdad", "esto es subjetivo, psicológico, relativo".

En este campo, una estrategia eficaz para mantener el diálogo es la comprensión de los sentidos en los que se puede decir que la verdad es una, y los sentidos en los que se puede decir que la verdad es múltiple. A esta comprensión está dedicada la mayor parte de estas reflexiones, pero antes voy a sugerir algunas estrategias comunicativas. Antes que nada, ¿qué tan necesario es expresar nuestra convicción sobre la unicidad de la verdad, su carácter absoluto, etc.? Es probable que el interlocutor no perciba falta de pluralismo en nuestra conversación mientras no formulemos una profesión como ésas. Por otro lado, si es preciso pronunciarse sobre el particular, no hay que excluir la posibilidad de aceptar la fórmula que parece relativista. Si nos dicen que algo es subjetivo, podemos recordar que hay cosas subjetivas realísimas, cosas que tienen por naturaleza propia el ser subjetivas. Con frecuencia se dice que el frío es subjetivo, o el hambre. En efecto, sin un *sujeto* que tenga frío no hay frío sino baja temperatura. Es verdad que la baja temperatura la llamamos también frío, pero es claro que aquí se trata de dos cosas diversas, el tener frío y el hacer frío, la primera claramente subjetiva, la segunda en principio objetiva, pero fácilmente interpretable en sentido subjetivo.

---

[2] Esta estrategia es conocida como *argumentum ad lapidem,* por la solidez de la piedra.

Lo mismo se puede decir del adjetivo "psicológico": si no hay una *psique* no hay frío ni hambre, lo cual no le quita realidad al hambre que tengo. Por lo que se refiere a las cosas que se declaran "relativas", basta preguntarse si no serán *relativas de suyo*. Un uso (bastante impropio) del término lo hace sinónimo de "discutible", "no seguro", y por eso a nadie le gustará que le digan "Eso de que Fulano de Tal es tu padre es relativo", aunque la paternidad es una realidad eminentemente relativa. Es un óptimo ejemplo de lo real que puede ser una relación.

1.2. La verdad en plural

En los tiempos que vivimos no es políticamente correcto importunar a quien declara que "Alá es uno". Para quien afirma que la verdad es una, a veces no hay corrección política que valga: es un fundamentalista sin apelación. ¿Para qué acarrear sobre sí tan ominoso apelativo? No lo digo tanto por lo pesado de la acusación cuanto por la interrupción del posible diálogo. ¡Habiendo tantos sentidos no relativistas en los que se puede decir que hay varias verdades!

El primero de estos sentidos –muy elemental– es cuando "verdad" es sinónimo de "proposición verdadera". La verdad de que los metales alcalinos tienen un número impar de electrones y la verdad de que Sri Lanka está en el hemisferio norte son *dos verdades*. Como se ve, no todo uso en plural del sustantivo "verdad" tiñe de relativismo la conversación. Incluso en temas tan delicados como la fe se usa pacíficamente ese plural. Se habla, en efecto, de "las verdades de la fe".

Esto no niega la unicidad de la verdad. Es un fenómeno originado por la naturaleza de nuestro conocimiento y de nuestro lenguaje. Conocemos las cosas con una multiplicidad de actos, de varios tipos, entre los cuales están los juicios, que son también múltiples, y cada uno de ellos lo expresamos en una proposición.

Lo que estoy exponiendo tiene un valor estratégico, pero no es sólo eso. Es real: el conocimiento y el lenguaje son así. Lo estratégico reside en apelar a los recursos del interlocutor que más puedan facilitar la comprensión. Una adecuada conciencia de la estrategia nos llevará a "recuperar terreno", que no es otra cosa que completar el sentido de lo que queremos decir. Si nos limitamos a la afirmación de que "las verdades son muchas", el interlocutor podría quedar convencido de algo distinto de lo que deseábamos comunicar.

Un uso del plural de consecuencias más relevantes que el anterior es el de sustituir *verdad* por su definición. Un modo muy clásico de definir la verdad es el que la caracteriza como "adecuación entre el entendimiento y la cosa". El autor es Isaac Israeli, médico y filósofo hebreo del norte de África, de los siglos IX y X. Factor decisivo en la fortuna que habría de tener esta definición es el haberla citado y hecho suya Tomás de Aquino.[3]

Así, si la verdad es la adecuación entre el entendimiento y la cosa, cabe preguntarse dónde está: ¿en el intelecto o en la cosa? Tal vez el instinto realista empuje a algunos a responder "en la cosa", pero la adecuación no puede estar sino en el entendimiento, ya que es una realidad cognoscitiva. Además, cada acto de conocimiento que sea pertinente llamar verdadero es *una* adecuación. He aquí nuevamente multiplicada la verdad: hay tantas verdades como adecuaciones. Y de nuevo el origen de la pluralidad está en nuestro modo de conocer.

1.3. La verdad poseída

Aquí viene lo más significativo que veo en esta nueva multiplicación, dado que el entendimiento no es algo abstracto: la pluralidad de entendimientos y su carácter individual. La adecuación de un entendimiento no vale para otro: nadie puede conocer en mi lugar. O la adecuación es mía, o yo no conozco. Llamar *mía* a la adecuación permite trasmitir el posesivo a

---

[3] Santo Tomás atribuye varias veces la definición a Isaac (*Summa Theologiae*, I, q.16, a.2, ad 2; *De veritate*, q.1, a.1), aunque actualmente parece claro que el concepto viene de Avicena a través de Guillermo de Auxerre.

la verdad. Sé bien que tal uso –mi verdad, tu verdad...– tiene un trasfondo relativista la mayor parte de las veces. También entiendo la consabida réplica realista: la verdad no es tuya ni mía, es *la* verdad. La entiendo, y probablemente comparto el pensamiento que expresa. Sin embargo, pienso que éste es otro de los frenos innecesarios del diálogo. Cuando alguien apela a "su verdad" en cuestiones morales, es frecuente que lo haga para justificar una conducta que se le podría reprochar, pero yo también he visto lo contrario. Una amiga de EUA, a punto de aceptar una propuesta de noviazgo entendió que para el muchacho el noviazgo implicaba cohabitación, y no dio el paso. Como explicación de su negativa decía: "this is not my truth!". A la frecuente profesión de fe "yo soy católico *a mi manera*", a mí me sale del alma responder que yo también lo soy a la mía: "No querrás que yo sea católico a tu manera...", digo, y esto lo concede todo mundo. Pienso que, mientras uno no haya llegado a ser cristiano a su manera, no ha respondido aún plenamente a la vocación cristiana.

Dije antes que hay relaciones muy reales, o, dicho de otro modo, realidades importantísimas de carácter relativo. Una de ellas es la verdad, por su carácter de relación: precisamente por ser adecuación. Aquí se puede apreciar muy bien cómo el realismo no consiste en eliminar instancias subjetivas, relativas, etc., ni valorar éstas es volverse relativista. La adecuación es mía o tuya, y es una relación. Pero –a partir de aquí se "recupera terreno"– no es una relación cualquiera: es relación de adecuación. De adecuación con la cosa. Si estamos hablando de la misma cosa tenemos que coincidir. Si no coincidimos, es que al menos uno de los dos no se adecuó.

¿Y no hemos vivido nunca la experiencia de no coincidir y, sin embargo, tener la intuición –incluso la certeza– de que los dos tenemos razón? Éste es el siguiente paso de nuestra reflexión.

* * *

Sobre este tema tengo un trabajo posterior, de corte más académico: "Ambigüedades del rechazo de la verdad", *Open Insight,* 2014, Vol. 5, núm.7, pp. 227-237 [en línea], disponible en <http://openinsight.mx/index.php/open/article/view/97>, consultado el 17 de abril de 2020.

Véanse también los siguientes textos de Franca D'Agostini: "Misunderstandings about truth", *Church, Communication and Culture,* 2019, 4(3), pp. 266-286, doi: 10.1080/23753234.2019.1667252; *Introduzione alla verità*, Turín, Bollati-Boringhieri, 2011.

2. Márgenes del diálogo[*]

El título que se me presenta de modo espontáneo para este segundo capítulo es "*extremos* del diálogo". Si no lo dejo así es por evitar que se entienda sólo como el extremo que se debe evitar, siendo que cabe el sentido de *puntos de referencia*, de elementos entre los que se encauza el diálogo sin que prevalezca ninguno de los dos. ¿Qué cualidades vemos en las personas naturalmente dotadas para la mediación? Una de importancia capital es la capacidad de entender lo que el otro dice, a veces en marcado contraste con lo que el tenor de las palabras parece expresar. Ya la sola posibilidad de pensar en esto nos revela que hay allí dos elementos: algo que pueden compartir los dos interlocutores, y una presentación que puede cambiar sin que lo presentado se les escape de las manos.

2.1. Relativismo y fundamentalismo

Luigi Pareyson (1918-1991), del ámbito de la filosofía hermenéutica y del existencialismo (él prefería la segunda denominación), encontraba aquí la diferencia entre la verdad y sus formulaciones. Cuando se confunden es inevitable caer en uno de dos extremos: o se parte del principio de que

* Publicado originalmente en *Ixtus*, 2003, núm. 42, pp. 26-28.

la verdad sólo puede ser una, y se elimina la pluralidad de formulaciones; o se parte de la experiencia de esa pluralidad, con la constatación de que diversas formulaciones resultan verdaderas, y entonces se niega la unicidad de la verdad. El primer extremo es el fundamentalismo; el segundo, el relativismo.

El fundamentalismo puede presentar también otras características, y en los últimos tiempos se ha convertido en una etiqueta vaga de algo aberrante –como ha sucedido con el término "fascista"–, pero su estructura básica está en fijar una forma excluyendo otras posibles, muchas veces debido a una falta de capacidad interpretativa.

2.2. Verdad y persona

La *verdad*, al admitir una pluralidad de formulaciones válidas, se aproxima notablemente a la realidad de la *persona* (una proximidad muy presente en la filosofía de Pareyson): también la persona es así. ¿Quién de nosotros es exactamente igual para dos personas? Sin que estemos hablando de doblez, es fácil ver cómo con cada uno de los miembros de nuestra familia, con cada uno de nuestros amigos, somos de un modo diverso, porque la relación es *personal*: las formas del afecto, el tipo de humorismo, el modo de considerar evidente o no lo que decimos.

Mencioné antes la noción de interpretación. Entre los muchos campos en los que esta noción es pertinente, propongo pensar en el musical y el teatral. Pareyson dice que la obra de arte "no es un 'objeto' al cual el intérprete deba adecuar su representación desde el exterior, ya que la obra está caracterizada por una 'inobjetivabilidad' que le viene del ser inseparable de la ejecución que la hace vivir y, al mismo tiempo, no poderse reducir a ninguna de sus ejecuciones".[1] Estoy en todo mi derecho de que la interpretación de, pongamos, Daniel Barenboim de la sonata para piano de Beethoven Op.111 me guste por encima de todas las demás, pero

---

[1] Luigi Pareyson, *Verità e interpretazione*, Milán, Mursia, 1971, p. 71.

declararla como la única, decir que sólo ésa es la sonata Op. 111, eso es fundamentalismo.

Hace años, después de haber visto el *Hamlet* cinematográfico de Zeffirelli (1990) o de Kenneth Branagh (1996), no recuerdo ahora cuál, me tocó oír el comentario condescendiente de una persona de más años que yo: "Bien, está bien, pero Hamlet, el verdadero Hamlet, es el de Lawrence Olivier" (de 1948). Probablemente es el que vio en su juventud y todo lo demás lo juzga con ese modelo. Fundamentalismos de este tipo es difícil no tener alguno: en cuestiones de gustos y modales, en lo que consideramos propio de una tradición o ajeno, etc. La amistad, el diálogo, el incremento de nuestra cultura y alguno que otro frentazo nos los descubren poco a poco y nos hacen más libres.

Ahora, si queremos ejemplificar un fundamentalismo de mayor calibre, pensemos en el cisma de Léfebvre de 1988. ¿No era auténticamente católico lo que él quería? El problema estaba en lo que negaba al identificar el catolicismo con una de sus formas históricas: el catolicismo es eso, sí, pero también mucho más. Me parece importante abordar el tema en el campo de la fe, porque cabe la tendencia a aceptar la pluralidad de formulaciones en todos los campos menos en éste. Aquí el *Catecismo de la Iglesia católica* nos apoya casi con las mismas palabras al afirmar que "no creemos en las fórmulas, sino en las realidades que éstas expresan y que la fe nos permite 'tocar'. 'El acto (de fe) del creyente no se detiene en el enunciado, sino en la realidad (enunciada).' Sin embargo, nos acercamos a estas realidades con la ayuda de las formulaciones de la fe. Éstas nos permiten expresar y transmitir la fe, celebrarla en comunidad, asimilarla y vivir de ella cada vez más".[2]

---

[2] *Catecismo de la Iglesia católica*, núm. 170. La cita es de Tomás de Aquino, *Summa Theologiae*, 2-2, 1, 2, ad 2.

2.3. El conocimiento encarnado

La pluralidad de formulaciones nace de la condición humana, del hecho de que no nos venga dado todo con la naturaleza sino que nos hayamos de llevar a plenitud por medio de una cultura, y aquí caben infinidad de direcciones. Cada uno de nosotros parte de un lugar, una determinada familia, un idioma, una educación del paladar, unos estudios, unos gustos en parte congénitos y en parte adquiridos, convicciones en diversos campos, etc. Cuando alguien, tras un buen tramo de la existencia, se encuentra con otro, cada uno habrá explorado el mundo siguiendo el recorrido que la vida le fue ofreciendo, entendiéndolo según los recursos que tenía a disposición, usando todo su léxico para denominar las cosas con las que se iba topando. En ese encuentro es razonable que no hayan coincidido en asociar la misma palabra a la misma cosa, que no hayan atribuido la misma relevancia a un concepto, que no hayan postulado la misma jerarquía entre varias realidades. Es entonces probable que a veces, pensando lo mismo en algún tema, les parezca que sus posiciones son divergentes, porque lo son sus formulaciones. Aprender a dialogar y a interpretar es ante todo alcanzar la conciencia adecuada de los recursos propios y ajenos y, con esto, superar éstos y aquéllos.

En la encíclica *Fides et ratio* se afirma que, "aunque la formulación esté en cierto modo vinculada al tiempo y a la cultura, la verdad o el error expresados en ella se pueden reconocer y valorar como tales en todo caso, no obstante la distancia espacio-temporal".[3] Con esto se recorre el camino que va de la pluralidad de formulaciones a la unidad de la verdad. El camino inverso (reconocer legítima la pluralidad de formulaciones) se expresa al afirmarse que "ninguna forma histórica de filosofía puede

---

[3] Juan Pablo II, Carta encíclica *Fides et ratio*, núm. 87. Este punto está en cierto modo preparado por el núm. 5: "La legítima pluralidad de posiciones ha dado paso a un pluralismo indiferenciado, basado en el convencimiento de que todas las posiciones son igualmente válidas. Este es uno de los síntomas más difundidos de la desconfianza en la verdad que es posible encontrar en el contexto actual".

legítimamente pretender abarcar toda la verdad ni ser la explicación plena del ser humano, del mundo y de la relación del hombre con Dios".[4]

Me viene a la memoria el tiempo que estuvo detenida la causa de beatificación de Duns Scoto porque su doctrina no se veía compatible con el tomismo. Por fortuna terminó por imponerse el criterio de la compatibilidad con la Revelación, abriendo paso a su beatificación en 1993,[5] y así tenemos la maravilla de dar culto a dos personajes cuyos pensamientos, más allá de la diversidad, más allá de una muy notable diversidad, nos hacen pensar en una divergencia irreductible.

---

[4] *Ibid.*, núm. 51. Este punto está preparado por el núm. 4: "La capacidad especulativa, que es propia de la inteligencia humana, lleva a elaborar, a través de la actividad filosófica, una forma de pensamiento riguroso y a construir así, con la coherencia lógica de las afirmaciones y el carácter orgánico de los contenidos, un saber sistemático. Gracias a este proceso, en diferentes contextos culturales y en diversas épocas, se han alcanzado resultados que han llevado a la elaboración de verdaderos sistemas de pensamiento. Históricamente esto ha provocado a menudo la tentación de identificar una sola corriente con todo el pensamiento filosófico". Además de los números 87, 51, 5 y 4 se puede sugerir, a quien desee profundizar en el tema, la lectura de los números 92 y siguientes.

[5] Con tal ocasión el Pontificio Ateneo Antoniano organizó el congreso Via Scoti. Methodologica ad mentem Ioannis Duns Scoti, del 9 al 11 de marzo de 1993, en Roma. De ese evento publiqué una reseña en *Acta Philosophica*, 1993, 2(2):331-332.

3. En defensa del microfundamentalismo*

El décimo aniversario de la encíclica *Fides et ratio* –de septiembre de 1998– trajo consigo abundancia de publicaciones y eventos conmemorativos entre 2008 y 2009. Haciendo cuentas de lo que el documento ha significado para mí, lo primero que me viene a la mente es el nuevo clima con que puedo exponer algunos temas en la universidad. La acusación de relativismo, antes ineluctable, se ha reducido de manera neta desde que cuento con la encíclica entre mis textos de apoyo.

Entre las reflexiones suscitadas por el aniversario, una se refiere precisamente al relativismo desde su otro extremo, el fundamentalismo. En "Márgenes del diálogo" hablaba yo de esquemas mentales que, si bien presentan la misma estructura del fundamentalismo, no nos introducen en ese vicio del pensamiento en toda su entidad reduccionista. Con el paso del tiempo y por la evidente actualidad del relativismo, me parece cada vez más urgente subrayar la salud de tales esquemas.

---

* Publicado originalmente en *Conspiratio*, 2011, núm. 9, pp. 14-17 (columna "Elogio de la impureza"). Es una versión sintética de la comunicación "Pregi e insidie dei microfondamentalismi nella persuasione", presentada en el seminario profesional Church Communication and the Culture of Controversy, Roma, Università della Santa Croce, Facoltà di Comunicazione Istituzionale, 28-30 de abril de 2008.

3.1. Del fundamentalismo al microfundamentalismo[1]

Dicho de manera sintética, el fundamentalismo consiste en un modo rígido –por defecto de interpretación– de enfrentarse con realidades que admiten una pluralidad de presentaciones (versiones, formulaciones). A veces se trata de realidades tan ricas que sólo una pluralidad de versiones puede expresar su riqueza. Es fundamentalista quien toma una de esas presentaciones como si fuera la realidad plena, con exclusión de todas las demás.

Ése es el caso de quien, como se lee en la encíclica (que no usa la palabra "fundamentalismo"), toma una filosofía como si representara todo el pensamiento filosófico. Ya se trate del marxismo-leninismo, de la filosofía analítica o del tomismo, ninguna de estas formas de pensamiento puede considerarse "la verdadera filosofía", "la buena".[2] El problema no está en seguir un pensamiento sino en declarar inválidos todos los demás.

Ahora bien, hay un amplio campo de aplicación de ese esquema que sería injusto llamar "fundamentalismo" con todo lo que el término actualmente comporta. Se trata de un mecanismo de simplificación que nos facilita la vida. Por un principio de economía mental y lingüística, no siempre tomamos en consideración todas las virtualidades de una realidad sino sólo la que resulta pertinente en un determinado contexto. Este fenómeno tiene una explicación en la psicología cognitiva, pero desde un punto de vista dialéctico (esto es, en el diálogo, en la argumentación) propongo llamarlo "microfundamentalismo".

Estoy convencido de que es muy difícil, si no imposible, eliminar todo microfundamentalismo de nuestra vida. Más aún, es sano y útil tenerlos, con tal de que tengamos conciencia de ello.

---

[1] Con la experiencia de los últimos años, yo ahora no usaría este término, ya que hay vocablos recientes que usan el prefijo "micro" de otra manera. Por ejemplo, cuando se habla de "micromachismo" se entiende que se trata de verdadero machismo. Aquí, en cambio, la tesis es que el microfundamentalismo no es fundamentalismo.

[2] Cfr. Juan Pablo II, *Fides et ratio*, núm. 51.

3.2. Riqueza de la realidad y distribución de los conceptos

Hay por ejemplo muchos tipos de familia: las hay más patriarcales o más matriarcales; en unas es impensable que ciertas decisiones se tomen sin la participación de todo el clan y en otras decide cada pareja; en unas es normal que los hijos se independicen en cuanto llegan a la mayoría de edad y en otras ellos son capaces de llegar a los 40 años viviendo con sus padres sin sentirse incómodos. Y hay infinidad de matices más. Con todo, cuando en la propia familia hablamos de lo que hay que hacer, no vamos a tener presentes todas las posibilidades de vida familiar, porque el diálogo se vuelve pesadísimo y el matiz no suele ser relevante. Se puede volver insoportable –una pedantería– explicitar constantemente el tipo de familia al que nos referimos. Pero eso sí, el día que nos toque hablar de familia en un ámbito fronterizo, es decir, ante la real probabilidad de que no todos los presentes identifiquen como familia en primer lugar la versión desde la que hablamos, es importante explicitar la conciencia de que se trata de una versión entre varias posibles, so pena de que nos tomen por fundamentalistas.

En 2008 expuse estas ideas en un congreso sobre controversia y poco después leí una nota periodística que hablaba, al referirse a mi ponencia, de "el pequeño Bin Laden que todos llevamos dentro". Hay que reconocerle eficacia expresiva al reportero (trabajar en una facultad de comunicación me ha dotado de mangas muy anchas sobre la "verdad periodística"), pero si quiero ser riguroso me parece un fracaso expositivo de mi parte, pues no todo fundamentalismo es violento. Pasar del microfundamentalismo al microterrorismo es como pensar que los hombres de dimensiones reducidas viven en países de dimensiones reducidas (inferencia que sí tiene sentido cuando se habla de ropa, aunque no sea válido para cualquier prenda).

Puede ser que haya algún mecanismo psicológico por el que sea natural que uno trate de hacer valer las propias convicciones, que sea frecuente hacerlo con firmeza y que en casos extremos se recurra a la fuerza. No es ése mi tema. El mecanismo del que hablo es sólo un modo de organizar los conocimientos y de comunicarlos, es una cuestión de economía y de claridad. Según la entidad de la materia y su relevancia, cuando el mecanismo se corrompe la convicción se puede convertir en una simple idea fija, en una manía o de plano en un declarado fundamentalismo. La simplificación tiene una finalidad práctica, que no anula la riqueza del asunto en sí mismo. Si eso se pierde de vista, se cae en una vil pobreza, cognitiva y lingüística; de lo contrario, sea bienvenido el microfundamentalismo.

* * *

Sin tocar expresamente la noción de microfundamentalismo, en este trabajo exploré el aspecto subjetivo de los criterios de valoración y su consiguiente "relativa absolutización" por motivos prácticos: "What is Persuasive in the Old and the New?", *International Journal of Cross-cultural Studies and Environmental Communication*, 2014, 1(1), pp. 9-19 [en línea], disponible en <https://crossculturenvironment.files.wordpress.com/2014/07/ijccsec-volume-1-issue-1-2014-rafael-jimc3a9nez-catano-what-is-persuasive-about-the-old-and-the-new.pdf>, consultado el 17 de abril de 2020.

4. Lo personal de lo interpersonal[*]

La persona es una realidad tan rica, tan misteriosa, tan profunda, que nada tiene de extraño que sus perfiles propios se nos escapen ora aquí, ora allá. Los vivimos con cierta naturalidad, al paso que los negamos con la palabra o los atribuimos a lo que no tiene carácter de persona.

En los últimos tiempos el mundo informático ha contribuido no poco a esta difuminación de lo específico de la persona. Donde hay algo que responde, y lo hace de un modo que reconocemos como inteligente, nos sentimos inclinados a pensar que es más o menos lo mismo. Digo "más o menos" porque hemos de reconocer que no es frecuente una declaración abierta de equivalencia entre una persona y un programa que responde. Aunque estos extremos se dan también, yo quisiera fijarme en el caso de quien distingue la radical distancia entre lo que es una persona y lo que no lo es, y sin embargo carece de plena conciencia de lo más característico de la persona.

* Publicado originalmente en *Ixtus*, 2005, núm. 53, pp. 20-23 (columna "La bendición de Babel").

4.1. Lo interpersonal en el conocimiento

El fenómeno consiste en entender lo interpersonal como interactividad, y nada más. Interactividad entre sujetos que llamamos personas, claro está, pero el hecho de ser personas es sólo un criterio de selección de los sujetos de la interactividad, sin que su índole determine en profundidad su relación. Esta reducción se da en diversos grados según las relaciones. En las afectivas, por ejemplo, el fenómeno me parece menor que en las cognoscitivas, aunque ciertamente no escasean los sustitutos cibernéticos (como fue el tamagochi, por poner un ejemplo de aspecto inocuo, hoy superado por numerosos programas que representan auténticos simuladores de la vida). Quisiera centrar la atención en las relaciones cognoscitivas, porque es en este campo donde quizá estamos más acostumbrados a funcionar así.

Cuando se habla de la riqueza del trabajo en equipo, si se tiene experiencia personal se suelen señalar las particularidades únicas de los miembros del grupo, las sorpresas que puede introducir una persona, imposibles de deducir de una metodología. Sin embargo, a la hora de formalizar la razón última por la que tal modo de trabajar es más eficaz que el del individuo aislado, es fuerte la tendencia a quedarse en un criterio cuantitativo: el de que cuatro ojos ven más que dos. No es falso, pero es pobre. No explica cómo los dos ojos que no son míos intervienen en el conocimiento mío. Puede tratarse, sí, de un llamado a que también yo vea lo que no había visto, pero obviamente no se puede hacer esto con todo. No es posible que el valor del relato de un viaje se alcance sólo cuando yo hago personalmente ese viaje. Incluso si lo hago, ¿no conserva un valor único el relato recibido? Después de todo, sigue siendo *otro* viaje.

Un pasaje de la encíclica *Fides et ratio*, muy relevante en mi opinión, desarrolla con detalle este punto. El hombre es un ser social, decir lo cual es casi lo mismo que atribuirle una índole cultural. Por su misma condición, no es nunca lo que nace, sino que ha de hacerse progresivamente, y esto no es posible en solitario: "Desde el nacimiento, pues, está inmerso en varias tradiciones, de las cuales recibe no sólo el lenguaje y la formación cultural, sino también muchas verdades en las que, casi instintivamente, cree".[1]

Al hombre de la evidencia propia, el campeón del sentido crítico, del máximo rigor epistemológico, dan ganas de decirle que, después de todo, él es así por el contexto en que se formó, por factores, sí, complejos, y en los que no faltaron decisiones personales relevantes, pero que a fin de cuentas su rigor no se explica sin un contexto social.

No cabe duda de que la creencia –no saber por propia experiencia, sino por el testimonio de otro– se nos presenta como un conocimiento imperfecto. Incluso quien tiene en mucho el acto de fe valora la experiencia directa. Es una valoración que podríamos llamar evangélica, ya que el episodio de Jesús y la samaritana se concluye justamente con su formulación, en boca de los habitantes del mismo poblado de aquella mujer: "Ya no creemos por lo que tú nos has contado, pues nosotros mismos lo hemos oído y sabemos que él es, de veras, el salvador del mundo".[2]

Cuidado, sin embargo, con pensar que un esfuerzo por apreciar la creencia consiste en resaltar su valor de conocimiento –"limitado, sí, pero conocimiento al fin y al cabo"–, una especie de visión optimista: algo es algo. De ninguna manera. Se trata de descubrir un elemento positivo único del que carece el conocimiento por evidencia propia: la relación entre las personas, más allá de la comunicación de contenidos cognoscitivos.

El acto de confiar en otro posee una especificidad humana única y nos hace crecer como personas:

> En efecto, la perfección del hombre no está en la mera adquisición del conocimiento abstracto de la verdad, sino que consiste también en una relación viva de entrega y fidelidad hacia el otro. En esta fidelidad que sabe darse, el hombre encuentra plena certeza y seguridad. Al mismo tiempo, el conocimiento por creencia, que se funda sobre la confianza

---

[1] Juan Pablo II, *Fides et ratio*, núm. 31.
[2] Juan 4, 42.

interpersonal, está en relación con la verdad: el hombre, creyendo, confía en la verdad que el otro le manifiesta.[3]

4.2. Valor del testimonio

Aristóteles hace notar que para persuadir no suelen bastar los medios puramente racionales: decir proposiciones verdaderas y formular razonamientos correctos. Esto tiene que estar sostenido por las características personales de quien habla (su credibilidad) y, muchas veces, también por la sintonía anímica que quien habla consigue establecer con quien escucha.[4] ¿Cuántas veces nos ha parecido poco probable un dato que, sin embargo, aceptamos plenamente porque quien nos lo comunicaba nos parecía digno de confianza? Por eso dice la encíclica que tal aceptación de una verdad

> se logra no sólo por vía racional, sino también mediante el abandono confiado en otras personas, que pueden garantizar la certeza y la autenticidad de la verdad misma. La capacidad y la opción de confiarse uno mismo y la propia vida a otra persona constituyen ciertamente uno de los actos antropológicamente más significativos y expresivos.[5]

Se trata de *"la verdad misma de la persona*: lo que ella es y lo que manifiesta de su propio interior".[6] A esta verdad sólo se accede por el contacto auténticamente personal, que va más allá del contenido cognoscitivo que se puede trasmitir. Sin ese elemento –la verdad de la persona–, el martirio sólo podría testimoniar la capacidad humana de adhesión a una idea. Muchos lo verán así, es verdad. Algunos de ellos, porque no cuentan con los recursos necesarios para compartir el horizonte que puede iluminar la acción de quien sufrió martirio; otros, porque han decidido inhibir su capacidad de reacción al testimonio que se les ofrece. Pero cuando los

---

[3] *Fides et ratio*, núm. 32.

[4] Cfr. *Retórica*, I, 2, 1356a.

[5] *Fides et ratio*, núm. 33.

[6] *Ibid.*, núm. 32.

recursos están allí y uno no se cierra, no puede dejar de crearse una sintonía, misteriosa y al mismo tiempo poderosa, porque el mártir "dice lo que nosotros ya sentimos y hace evidente lo que también quisiéramos tener la fuerza de expresar".[7]

4.3. Valor de la confianza

El sentido crítico es humanamente vital y no se debe descuidar en la educación. No pertenece a ella como un contenido –al modo de *civismo* o *geografía*– sino como parte de su esencia. Lo que es deplorable es el criticismo hipertrofiado, del que tanto adolece la mentalidad moderna. Éste limita la libertad igual que la carencia de todo sentido crítico. Quien trabaja en el campo de la educación conoce lo lamentable de ambos extremos. "¡No lo afirmes sólo porque lo dije yo!", se le insiste al alumno excesivamente sumiso; pero no está menos falto de libertad quien requiere de la exhortación contraria: "¡No deseches el dato sólo porque lo dijo otro!".

Hay un tema en mis cursos que puntualmente me acarrea protestas. Es una explicación de dos extremos en la concepción de la verdad, el relativismo y el fundamentalismo.[8] Yo ya sé de antemano que nunca faltará alguien que me tome por relativista y tal vez arme revuelo. Hace tiempo, al final de un curso, una alumna escogió espontáneamente ese tema para comenzar su examen. Me extrañó, y me esperaba un diálogo difícil, porque por su manera de ser me la había figurado entre las personas que impugnarían mi modo de exponer la cuestión. Vaya sorpresa: su exposición fue espléndida y, por mucho que la puse a prueba –pues no daba crédito a mis oídos–, ella demostraba haber hecho propio el tema y argumentaba con medios que no había recibido a la letra en mis clases. Al terminar le pregunté: "¿Nunca pensó que yo estaba defendiendo el relativismo?, ¿que les estaba proponiendo una noción de verdad demasiado subjetiva?".

---

[7] *Ibidem.*

[8] Como se expuso en los capítulos anteriores.

Respondió: "No, porque yo confiaba en usted". Yo no sé cómo me había ganado su confianza, pero el resultado fue una exposición más brillante que la de otros de quienes hubiera esperado más. Y lo que expuso era conocimiento suyo, no mío.

"No se ha de olvidar que también la razón necesita ser sostenida en su búsqueda por un diálogo confiado y una amistad sincera. El clima de sospecha y de desconfianza, que a veces rodea la investigación especulativa, olvida la enseñanza de los filósofos antiguos, quienes consideraban la amistad como uno de los contextos más adecuados para el buen filosofar."[9]

* * *

Sobre estos recursos de relación con la verdad y con las personas, véase Franca D'Agostini, "Logica, erística ed educazione alla verità", *Eris*, 2017, 2(1), pp 26-42 [en línea], disponible en <https://pdfs.semanticscholar.org/e9f3/b7632c745e87901404d61a1392bab31c5abc.pdf>, consultado el 17 de abril de 2020.

---

[9] *Ibid.*, núm. 33.

5. El valor crítico de la confianza[*]

La encíclica *Fides et ratio* ofrece un abundante material de recursos dialécticos,[1] con la riqueza añadida que llevan consigo nociones gnoseológicas, teológicas y antropológicas a las que el tema del documento obliga a recurrir. El acento que la Ilustración pone en el valor que tiene "pensar con la propia cabeza"[2] inclina a la convicción –un lugar común bastante difundido– de que quienes en su propia vida cuentan con una revelación, y por tanto con la validez de una creencia, no aprecian el conocimiento por evidencia inmediata.

5.1. Valor de la evidencia inmediata

La realidad es otra. Basta pensar en el pasaje evangélico del encuentro de Jesús con la samaritana, mencionado en el texto anterior, donde es

---

[*] Ésta es una reelaboración de la comunicación presentada, con el mismo título, en el congreso La fede e la ragione, de las facultades de Filosofía y Teología de la Universidad de la Santa Cruz, Roma, 26-27 de febrero de 2009, en el décimo aniversario de la encíclica *Fides et ratio*. Se ofrece aquí una versión reducida porque el tema ya se ha tratado parcialmente en el texto que precede.

[1] Se trata por tanto de cuestiones relacionadas con los temas de este volumen, a los que se puede añadir el artículo "Nosotros, modernos del siglo xii", *Vuelta*, 1996, núm. 240, pp. 28-31, que toca algunos aspectos de la historia de la noción de autoridad.

[2] Kant ve en el imperativo *"Sapere aude!"* el lema de la Ilustración, en su famoso ensayo de 1784 "Was ist Aufklärung?"

evidente que se considera un progreso haber pasado del conocimiento por el testimonio de aquella mujer al conocimiento por experiencia personal. Y también en el Antiguo Testamento leemos: "El incauto cree todo lo que le dicen, pero el prudente vigila sus pasos".[3] Un breve repaso de las diversas traducciones confirma la contraposición incauto/prudente en los mismos términos del pasaje evangélico, es decir, en una valoración muy positiva del sentido crítico en contraste con la credulidad, para la que los términos usados están lejos de ser benévolos. Las parejas de términos son, en efecto: incauto / prudente, simple / prudente, simple / avisado; ingenuo / prudente, ingenuo / accorto, scemo / prudente; innocens / astutus; naive / sensible, simple / prudent; Alberner / Witziger, Unerfahrener / Kluger, Unverständiger / Kluger...

Este sentido crítico, sin embargo, no es sólo pasar de la aceptación de un testimonio al conocimiento personal del hecho. Aceptar lo que otro me dice no es sólo una fase que se debe superar completamente, sino un elemento vital del conocimiento que ya es mío y del conocimiento que voy a alcanzar después. En palabras de la *Fides et ratio*:

> La creencia con frecuencia resulta más rica desde el punto de vista humano que la simple evidencia, porque incluye una relación interpersonal y pone en juego no sólo las posibilidades cognoscitivas, sino también la capacidad más radical de

---

[3] Prov 14, 15, en la versión de El *libro del pueblo de Dios* (1986). "El simple todo lo cree; el prudente pone atención a sus respuestas" (Nácar-Colunga, 1957). "El simple cree á toda palabra: Mas el avisado entiende sus pasos" (Reina Valera, siglo XVI). "L'ingenuo crede a tutto quel che si dice, chi è prudente guarda dove mette i piedi" (Traduzione Interconfessionale in Lingua Corrente, 1976-1985). "L'ingenuo crede quanto gli dici, l'accorto controlla i propri passi" (CEI, 1974). "Lo scemo crede tutto quel che si dice, ma l'uomo prudente bada ai suoi passi" (Traduzione "riveduta", 1927). "Innocens credit omni verbo astutus considerat gressus suos" (Vulgata y Neovulgata). "The naive believes everything, But the sensible man considers his steps" (*New American Bible*, 1995). "The simple believeth every word: but the prudent man looketh well to his going" (King James, 1611). "Ein Alberner glaubt alles; aber ein Witziger merkt auf seinen Gang" (Lutero, 1545). "Der Unerfahrene traut jedem Wort, der Kluge achtet auf seinen Schritt" (Einheitsübersetzung [traducción ecuménica], 1972). "Ein Unverständiger glaubt alles; aber ein Kluger merkt auf seinen Gang" (Lutero, 1912).

confiar en otras personas, entrando así en una relación más estable e íntima con ellas.[4]

5.2. Creer para comprender

En el sistema de la retórica aristotélica es aquí donde se coloca el papel del *ethos* como medio de persuasión. El término se traduce como *carácter* o *credibilidad*. Una exposición clara y bien argumentada puede ser simplemente ignorada si no hubo un *ethos* que llamara la atención del interlocutor, el cual no ha escuchado siquiera o bien ha escuchado con sospecha. Una formulación bien conseguida de la naturaleza de la buena voluntad (parte integral del *ethos*) la ofrece Benedicto XVI: "...esa benevolencia inicial, sin la cual no hay comprensión posible".[5]

El *ethos* tiene una función persuasiva y en la retórica de Aristóteles pertenece al retor, no al interlocutor (para el cual desarrolla la noción de *pathos*). Sin embargo, Benedicto XVI se refiere a la simpatía del lector, que es la buena voluntad del interlocutor, y por tanto, aunque de parte de quien escribe hay un interés persuasivo, de parte de quien recibe se trata de una función hermenéutica: el anticipo de simpatía ayuda al lector a entender lo que lee.[6]

Desde un punto de vista metodológico hay diversas nociones que corresponden a este fenómeno, de las cuales tal vez la más conocida es el "principio de caridad" introducido por Wilson[7] y desarrollado posteriormente por Quine y Davidson, que en sustancia consiste en el imperativo de presuponer sensatez en el interlocutor para poderlo entender, hasta el

---

4 Juan Pablo II, *Fides et ratio*, núm. 32.

5 Joseph Ratzinger, *Jesús de Nazaret*, Madrid, La Esfera de los Libros, 2007, p. 20.

6 Sobre la buena voluntad (*eunoia*), y en particular sobre la del interlocutor, se volverá más adelante en este volumen, sobre todo en el capítulo 5 de la segunda parte.

7 Quine señala como formulación del principio (citando a Neil L. Wilson, "Substances without Substrata", 1959) la siguiente: "We select as designatum that individual which will make the largest possible number of [...] statements true", Willard Van Orman Quine, *Word and Object*, Cambridge, MIT Press, 1983, p. 59.

momento en que quedara claro, si ése fuera el caso, que él se equivoca o no es muy razonable.[8]

De naturaleza semejante, aunque con una participación mayor de la persona entera, es el fenómeno que san Agustín expresa con el imperativo circular: "Crede ut intelligas, intellige ut credas".[9] Una de las direcciones corresponde al papel de la racionalidad en el asenso por fe. Aquí la dirección pertinente es la otra, aplicable por cierto también a conocimientos que no son de suyo creencias. Uno de los discursos donde san Agustín expresa esta idea es el comentario a las palabras de Isaías: "Si no creéis no comprenderéis",[10] que coinciden sustancialmente con lo que Aristóteles decía a propósito de la naturaleza del diálogo didáctico: "Hace falta que quien aprende crea".[11]

5.3. Significado antropológico del confiar

Por tanto, en muchos ámbitos del conocimiento hay motivos para aceptar el conocimiento ajeno. Según los contenidos, esto puede estar más cerca

---

[8] "Charity os a matter of finding enough rationality in those we would understand to make sense of what they say or do, for unless we succeed in this, we cannot identify the contents of their words and thoughts. Seeing rationality in others is a matter of recognizing our own norms of rationality in their speech and behavior", Donald Davidson, "Replies to Rorty, Stroud, McDowell, and Pereda", en *Truth, Language and History*, Oxford; Nueva York, Clarendon Press, 2005, p. 319. "The method is not designed to eliminate disagreement, nor can it; its purpose is to make meaningful disagreement possible, and this depends entirely on a foundation –*some* foundation– in agreement. The agreement may take the form of widespread sharing of sentences held true by speakers of "the same language", or agreement in the large mediated by a theory of truth contrived by an interpreter for speakers of another language", *Inquiries into Truth and Interpretation*, Oxford, Clarendon Press, 1985, pp. 196-197.

[9] El concepto está expresado en varias obras: *Discurso 43, 9, Comentario al Evangelio de san Juan 29, 6; Discurso 214, 10.*

[10] Isaías, 7, 9.

[11] *Elencos sofísticos,* I, 2, 165b3-4. Después de haber creído al maestro, en muchos casos el discípulo conseguirá adquirir un conocimiento inmediato del mismo objeto. A este paso se hace referencia en la encíclica cuando se afirma: "Esto no quita que, tras este paso, las mismas verdades sean 'recuperadas' sobre la base de la experiencia llevada que se ha tenido o en virtud de un razonamiento sucesivo", *Fides et ratio*, núm. 31.

de la pura metodología, o bien, constituir una auténtica relación entre las personas en términos de confianza. Naturalmente, ésta habrá de responder a las exigencias de la auténtica confianza entre seres humanos. A propósito del papel que san Agustín atribuye a los amigos y los maestros, Guillermo Hurtado escribe:

> ¿Pero cómo sabemos quiénes son de verdad nuestros amigos y nuestros maestros? Agustín se pone estas preguntas en el *De utilitate credendi*. Una primera respuesta es que, de la misma manera que no debemos dudar sin causa ni razón de que nuestra madre es nuestra verdadera madre, no lo debemos hacer a propósito de nuestros amigos y maestros. Pero los casos no son equiparables. Muy raramente sucede que alguien se haga pasar por la madre de alguien, mientras que con mucha frecuencia sucede que alguien se haga pasar por amigo de otro. También es muy frecuente que alguien pretenda ser autoridad en alguna materia, cuando en realidad no lo es. Todo esto sucede, pero no es una razón para no fiarnos *nunca* de nuestros amigos o maestros. Mientras no tengamos razones *reales* para dudar, lo normal, natural, humano, es *fiarse* de ellos. Sin embargo, cuanto se ha dicho no equivale a aceptar a cualquiera que se presente y nos diga que quiere ser nuestro amigo o pretenda ser nuestro maestro. Son los hechos los que nos muestran cuándo alguien es de verdad amigo o maestro.[12]

Sentido crítico, claro, no quiere decir desconfianza indiscriminada, como tampoco la confianza que proponemos es aceptación irreflexiva. Michael Ende ofrece en una narración un episodio de confianza fallida, que sin embargo es una desconfianza acertada, porque parece obvio que quien pretende la confianza no la merece. "Aquí estás seguro, todo te es familiar, todo está firme, te puedes fiar de todo. Este es tu mundo. Gira, y tú en el centro del centro, giras constantemente con él."[13] Hasta que sucede lo im-

---

[12] Guillermo Hurtado, "Notas sobre *De utilitate credendi*", en *Por qué no soy falibilista y otros ensayos filosóficos*, México, Los Libros de Homero, 2009, p. 80.

[13] Michael Ende, "Despacio como gira un planeta, gira la gran mesa redonda", en *El espejo en el espejo*, Madrid, Alfaguara, 1986, p. 79.

previsto: "Una vez un terremoto sacude todo aquello".[14] Es un cataclismo planetario y desde una abertura del mundo el protagonista entrevé una figura humana, encapuchada, que le habla:

> —¡Sal, pequeño hermano de sangre! —¡No! —gritas aterrado—.
> ¡Vete! ¿Quién eres? ¡No te conozco!
> —No podrás conocerme —te responde el tapado—
>   mientras no salgas. ¡Así que ven!
> —¡No quiero! —exclamas—. ¿Por qué habría de hacerlo?[15]

Parece claro que no se dan las condiciones para fiarse. Las peticiones de la figura encapuchada son excesivas a falta de una fuerte confianza anterior: "Abandónalo todo"... "Abandona también el miedo"... "Abandónate también a ti mismo...", "aprende a caer"...

Pero es igualmente clara la íntima necesidad de confianza, porque "el hombre se encuentra en un camino de búsqueda, humanamente interminable: búsqueda de verdad y búsqueda de una persona en quien confiar".[16] En la película rusa *12* (Mikhalkov, 2007), donde un jurado popular compuesto de 12 hombres debe pronunciarse unánimemente sobre la inocencia o culpabilidad de un joven checheno acusado de homicidio, muchas argumentaciones desarrolladas con éxito no confutan con rigor lógico los razonamientos a los que se oponen, sino que dan un contexto humano a una situación y la vuelven creíble.[17] Con la luz recibida cada uno puede volver después a ver las propias razones y descubrirlas inadecuadas.

Todo esto, lejos de caer en una especie de sentimentalismo, no hace sino responder a la condición humana, que no es sólo razón. En palabras de Fabrice Hadjadj,

---

[14] *Ibid.*

[15] *Ibid.*, p. 80.

[16] *Fides et ratio*, núm. 33.

[17] En la película de la que ésta es un *remake* –*Twelve Angry Men* (Sydney Lumet, 1957)– hay un papel más decisivo de la confutación a través de razonamientos centrados en el *logos*.

> la verdad no se cumple en un sistema desencarnado, sino en la escucha de una voz. No se trata de escuchar sólo para someterse a un orden, sino de escuchar la voz de por sí, como se escucha la de un cantante y, más aún, como se escucha la del amado. La voz es una palabra hecha carne y es la expresión de una persona.[18]

* * *

Pertinente con este capítulo y con el anterior, esta entrevista a Carlos Pereda pone de relieve la importancia de la confianza, incluso en circunstancias –como las que trae consigo el ambiente generalizado de *fake news*– en las que desconfiar de todo parecería la actitud vital más razonable: Rafael Jiménez Cataño, "No ceder a la tentación de la posverdad. Coloquio con Carlos Pereda", *Open Insight*, 2020, Vol. 11, núm. 21, pp. 13-29 [en línea], <http://openinsight.mx/index.php/open/issue/view/23/23>, consultado el 17 de abril de 2020.

Del mismo Pereda, véase *Sobre la confianza*, Barcelona, Herder, 2009.

---

[18] Fabrice Hadjadj, Fabrice Midal, *Che cos'è la verità?*, Turín, Lindau, 2011, p. 48.

6. ¿Por qué he de dialogar, si todo está tan claro?*

Desde hace algunos años participo con cierta regularidad en los congresos de una asociación internacional que se dedica al análisis del diálogo. No sé lo que sucederá a otros miembros, pero yo no dejo de asombrarme de la variedad de análisis posibles y, al mismo tiempo, de la normalidad del diálogo que se experimenta en esa sede. Es decir: el diálogo de los expertos del diálogo es serio, pero no muy diferente del que se mantiene en congresos que no tienen el diálogo como tema. En una asamblea de socios, durante el debate sobre la publicación de unas actas, me extrañó que el presidente se quedara sin micrófono antes de terminar una de sus intervenciones. Cuando manifesté mi sorpresa con los que tenía al lado, alguien me dijo: "¿Pero no te has dado cuenta de que, cada vez que el presidente dice algo que no concuerda con la postura de Fulano, éste le quita el micrófono?". Hay que hacer notar que el presidente es una persona extraordinaria, sólo que, por motivos de salud, tiene una precaria relación con el entorno que le impide reaccionar ante situaciones como ésa. Los efectos dialógicos de tales maniobras de micrófono son dignos de estudio, y su corrección humana no es el único parámetro.

---

* Publicado originalmente en *Ixtus*, 2004, núm. 46, pp. 18-20 (columna "La bendición de Babel"). Como se verá, este ensayo es una reseña disfrazada. Una reseña declarada se encuentra en *Letras Libres*, 2003, núm. 58, p. 90.

6.1. Punto de partida: se puede

Lo que presenté en la edición de 2001, que tuvo lugar en Suecia, estaba escrito en colaboración con una colega de una universidad española.[1] No fue nada fácil, sobre todo porque vivíamos en países distintos y todo el trabajo se hizo por medio de correo electrónico, a lo que se añadía que el texto era en inglés, que ella dominaba y yo no. Y el hecho de ser hombre y mujer no era la última de las dificultades. Al final, tras haber atravesado momentos próximos a la ruptura, nos quedó un trabajo muy interesante. Sin embargo, la conclusión a la que llegamos independientemente –lo descubrimos el primer día del congreso– fue: "Puestos a hablar sobre el diálogo, lo más interesante sería contar cómo escribimos esto".

No será frecuente que la ponencia consista en referir un caso tan inmediato, pero de ordinario es la personal experiencia dialógica lo que más recursos da al estudioso para poner atención sobre un punto u otro del tema. Numerosas situaciones se declararían imposibles si aparte del análisis no se contara con la experiencia de que *sí se puede*: el caso es que *se pudo*, y ahora será tarea del análisis entender cómo fue posible, para aprender más sobre nuestros recursos.

6.2. Un texto reciente

Los actuales estudios en el ámbito de la teoría de la argumentación son muy sensibles a este detalle. Un texto representativo de esta sensibilidad apareció en Italia recientemente, obra de Adelino Cattani, profesor de la Universidad de Padua[2] y miembro de varias asociaciones, como la International Association for the Study of Controversies –que con el solo nombre dice mucho– y de la asociación mencionada al inicio de estas líneas.

---

[1] Se publicó posteriormente en colaboración con Isabel García Martínez (Universidad de Oviedo, España), con el título "Separating *vs.* Uniting Distance in Chicano Speech", *Anglica Wratislaviensia*, 2004, núm. 42, pp. 101-109.

[2] Adelino Cattani, *Los usos de la retórica*, Madrid, Alianza Editorial, 2003.

Una pincelada de lo que significa unir el pensamiento a la vida la pueden dar dos detalles de su perfil personal. Por una parte, Cattani es también viticultor. Por otra, me han llamado la atención las dedicatorias de sus libros (no me refiero a las añadidas a mano sino a las que vienen de la imprenta). Al menos dos de esos volúmenes están dedicados a su esposa. El que estoy comentando dice: "A Valeria, pródiga en argumentos convincentes e incomparable en el arte de la réplica elegante". Otro de hace varios años, *Discorsi ingannevoli* (*Discursos engañosos*), sobre las falacias, decía: "A Valeria, que no engaña y no se deja engañar". ¿No es atractiva una sensibilidad como ésta?

6.3. Lo vital en la argumentación

Premisas humanas de este género dan un valor particular al estudio de temas en los que se ve tan decisiva la unión de lo universal con lo particular. Hay mucho que decir sobre las relaciones entre la vida de un autor y el contenido de su obra. De hecho es un tema debatido actualmente. Aquí quisiera dar una idea de lo que el lector se puede encontrar en esas páginas, que son como una inmersión de la lógica en la vida. Para empezar, se dedican dos capítulos al fenómeno de la pluralidad de puntos de vista y a la tradición de los argumentos dobles. Una buena ilustración de ello es la coexistencia de los dichos "Al que madruga Dios lo ayuda" y "No por mucho madrugar amanece más temprano". No se trata de sentencias contradictorias. Es perfectamente compatible que uno madrugue, sin por eso hacer que amanezca más temprano, y que reciba la ayuda de Dios. Es más, justo porque amaneció como siempre, una manita no se desprecia, y esto lo sabemos todos. Hay, sí, una cierta oposición en el espíritu de las sentencias, porque la segunda considera poco menos que inútil lo que la primera tiene en alta estima. Siempre hay razones en un sentido y en el contrario, y para dirimir el sentido que es pertinente en el caso concreto hace falta el concurso de varias razones: eso es el diálogo.

Como es evidente, no es cuestión de pura lógica. De ahí la importancia de exponer las características de la colaboración y de la competición (lo que distingue el debate del combate) y otros temas que prefiero enunciar siguiendo los títulos de los capítulos: "Técnicas y recursos"; "El *disputator* cortés. Un código de conducta para la discusión cooperativa"; "Valoración del debate"; "Cómo mentir diciendo la verdad"; "Cómo replicar"; "Cuando el humor se convierte en argumento"; "La manipulación retórica"; "Valor y límites del debate". Al bienintencionado que se incomode ante algunos de estos títulos, el autor responde que conocer los trucos y las manipulaciones es un medio para no ser su víctima: "Sabiendo cómo va el mundo, conviene conocer no sólo las reglas del debate seráficamente limpio, sino también las del diabólicamente astuto".[3]

6.4. Un arte de la réplica

Ya que en el título se subraya la réplica, me detengo sólo en ese capítulo. Dice Cattani que, ante una tesis, el interlocutor tiene seis posibilidades: 1. Despreciarla; 2. Aceptarla; 3. Aceptarla sólo en parte; 4. Solicitar razones o pruebas; 5. Rechazarla o confutarla; 6. Atacar a quien la sostiene.[4] Señala enseguida que esto, que es patrimonio común de los más recientes estudiosos de la dialéctica, está ya perfectamente tipificado en la doctrina medieval de la disputa, con la sola excepción del sexto punto, no porque no existiera el ataque personal sino porque no se contemplaba como parte del método. (Y contemplarlo no significa justificarlo. Éste es uno de los puntos que conviene conocer, al menos para no ser víctimas.)

El *desprecio* por la tesis puede ser total (considerar que no vale la pena ni discutirla) y cabe también el limitarse a minimizarla ("sí, qué duda cabe, pero el verdadero problema..."). *Aceptar* es una estrategia muy eficaz, normalmente acompañada de un proceso de reconversión de la tesis.

---

[3] *Ibid.*, p. 68.

[4] Cfr. *ibid.*, p. 83.

En el año 2000, cuando se aproximaba la canonización de 120 mártires de China (1° de octubre), el gobierno chino impugnó la decisión de la Iglesia aduciendo que se trataba de delincuentes, de enemigos de la patria. Una autoridad vaticana declaró que esa era una posición ideológica. No era falso (qué duda cabe...), pero quizá hubiera sido más eficaz señalar la normalidad de la acusación: casi todos los mártires del cristianismo han muerto con ese veredicto. Lo que procede en semejantes casos es aspirar, arquear las cejas y preguntar: "¿Qué querías que dijera el gobierno chino?".

> A veces se elude o se desaconseja la discusión en nombre de un ideal solidario y humanista que considera bueno evitar que una falta de acuerdo se transforme en enfrentamiento. Sin embargo, del choque de las posiciones contrarias suele surgir la mejor solución, la solución idónea. El entendimiento, el acuerdo, la unanimidad son cosas buenas y justas, pero sólo cuando representan una auténtica conciliación de divergencias al final de un debate que ni las anula ni las enmascara.[5]

* * *

Otro volumen que resume la retórica en pocas páginas de experiencia madura es Alberto Gil, *Cómo convencer eficazmente. Hacia una retórica anclada en la personalidad y en los valores*, Madrid, Palabra, 2014.

Una exposición más extensa, pero concentrada en la conversación, con una visión antropológica: Sergio Tapia Velasco, *Filosofía de la conversación: claves para una teoría contemporánea sobre las relaciones interpersonales y el conocimiento humano a través de la interacción verbal*, Valencia, EDICEP, 2014.

---

[5] *Ibid.*, p. 109.

7. Babel y la retórica de la redención[*]

El relato de Babel puede ofrecer una clave de lectura para el fenómeno de la globalización gracias a que comparte con él una dialéctica de lo uno y lo múltiple referida a la vida de la humanidad. Lo que cualquiera entiende por el sustantivo *babel*, igual que por el adjetivo *babélico*, es ininteligibilidad, de preferencia con uso de la palabra, es decir: personas que hablan y no se entienden. En un sentido más genérico, estos términos denotan simplemente confusión y desorden.[1] En todos los casos hay una multiplicidad que no está asumida por una unidad adecuada y deseable. Ésa es la esencia del desorden y la confusión, a lo cual se añade en este caso la presencia del lenguaje, que por su propia naturaleza debería comunicar y no lo consigue.

---

[*] Publicado originalmente en *Revista de Retórica y Teoría de la Comunicación*, 2003, núm. 5, pp. 147-151. Se trata de una comunicación presentada en el congreso Retórica, globalización y cultura, organizado por Logo, Asociación Española de Estudios sobre Lengua, Pensamiento y Cultura Clásica, en la Universidad de Salamanca, 9-13 de diciembre de 2002. De este ensayo surgió el título y el perfil temático de mi columna "La bendición de Babel", cuya primera entrega ("¿Nos dejaríamos redimir de la dispersión de Babel?", *Ixtus*, 2003, núm. 41, pp. 22-24) consistió en una síntesis de esta comunicación.

[1] "babel. amb. fig y fam. Lugar en que hay gran desorden y confusión o donde hablan muchos sin entenderse; por alusión a la torre de Babel. || 2. fig. y fam. Desorden y confusión", DRAE, 2014; "babélico, ca. adj. Perteneciente o relativo a la torre de Babel. || 2. fig. Confuso, ininteligible", *ibid*.

7.1. La axiología babélica

Este mito trae consigo todo un enjambre de figuras al que estamos bastante acostumbrados. A la luz de Babel[2] muchos elementos se ponen en orden según ciertos criterios que constituyen una retórica de redención. Babel significa una presencia del mal en el mundo. Es un mal en un sentido muy propio: hay algo que no es como debería ser, y se trata de una dimensión esencial de la vida humana. Además, es una situación en cuyo origen juega un papel decisivo una elección errada del hombre: "Babel fue como una segunda caída, en algunos aspectos tan desoladora como la original".[3] Superar esta condición es recuperar un orden originario, lo cual puede llamarse reparación, rescate, liberación, restauración, salvación, redención.

Octavio Paz formulaba todo esto como sigue:

> En casi todas las sociedades hay un relato que, como el de Babel, explica la quiebra de la unidad original y su dispersión en multitud de lenguas y dialectos. En todas partes la pluralidad aparece como una maldición y una condenación: es la consecuencia de una falta contra el Espíritu. De ahí también que en muchas tradiciones figure, en distintas formas, la historia de un acontecimiento de signo opuesto. Para los cristianos ese acontecimiento es el descenso del Espíritu Santo sobre los apóstoles. El Pentecostés puede verse como la redención de Babel: la reconciliación de los idiomas, la reunión del otro y de los otros en la unidad del entendimiento. Y el milagro mayor es que la unidad se logra sin menoscabo de la identidad: cada uno, sin cesar de ser el mismo, es el otro.

---

[2] Génesis, 11, 1-9. El carácter mítico del relato es claro si se toma en cuenta que en el capítulo 10 ya aparecen los grupos humanos distribuidos sobre la superficie terrestre según sus lenguas.

[3] George Steiner, *Después de Babel*, México, FCE, 1980, p. 79.

Luego Paz recoge el relato bíblico de Pentecostés[4] y continúa:

> Al cosmopolitismo endemoniado de Babel, el Evangelio opone el cosmopolitismo espiritual de Jerusalén, a la confusión de lenguas el don maravilloso de hablar otras lenguas. Hablar una lengua extraña, entenderla, traducirla a la propia, es restaurar la unidad del comienzo.[5]

La pluralidad de lenguas es, pues, un símbolo de la presencia del mal en el mundo. Podríamos llamarlo *símbolo real*, porque la pluralidad de lenguas es en sí misma un mal, es el mal, aunque el mal no se agote en ella. Los modos de superar la pluralidad son también plurales: estudiar idiomas y traducir, principalmente. También contamos con varias lenguas internacionales.[6]

¿Podemos decir que acariciamos el sueño de un retorno a la unidad lingüística? El sueño de la comunicación sin barreras, me parece claro. El de la real reducción de todas las lenguas a una sola, lo dudo mucho. Aunque nunca faltarán expresiones –desaprensivas o simplemente jocosas– que tachen de raros a quienes no hablan nuestro idioma, a quienes no se expresan "en cristiano", me parece claro que el espíritu de nuestro tiempo –no sin incoherencias, claro– nos lleva más bien a apreciar la vida *otra*: otras personas, otros idiomas, otras culturas. Y no me parece necesario acudir a autoridades para afirmar que, presupuesta la pluralidad de lenguas –y presupuesto que el fenómeno no surgió ayer–, unificarnos en una única lengua implicaría un empobrecimiento pavoroso. Pero no hay que pensar que toda sensibilidad pretérita deseaba tal unificación. El mismo fenómeno de Pentecostés recordado por Octavio Paz no tiene esa característica. Ahí las lenguas siguen siendo plurales: "¿Cómo es que

---

[4] Hechos, 2, 1-13.

[5] Octavio Paz, "Lectura y contemplación", en *Sombras de obras*, México, Seix Barral, 1985, p. 14. También Alfonso Reyes habla de la universalidad de las historias análogas a la de Babel (Cfr. *La experiencia literaria,* en *Obras completas*, Vol. XIV, México, FCE, 1962, p. 31). Lo mismo hace George Steiner (Cfr. *Después de Babel*, p. 59), que también se refiere a Pentecostés (pp. 79 y 83).

[6] El esperanto e interlingua, que parecen gozar de gran vitalidad, se han añadido al número de las preexistentes, si bien con el claro mérito de funcionar como lenguas transversales que realmente han puesto a personas en comunicación.

cada uno de nosotros los oímos hablar en nuestra lengua nativa?"[7] Lo que interesa allí es entender, y eso es lo que nos interesa también a nosotros.

7.2. La axiología de la antiglobalización

Esto nos es útil para el análisis de la retórica usada en el campo de la globalización, porque los parámetros axiológicos que se manejan son sustancialmente los mismos. El fenómeno de lo uno y lo múltiple aplicado a los seres humanos puede recibir valoraciones de signo contrario. La globalización es un proceso que se mueve de lo múltiple hacia lo uno, y es evidente que la meta se considera deseable. Desde este punto de vista, el movimiento antiglobalización parece invertir la axiología del mito de Babel: la maldición no es la pluralidad sino la unidad.

He analizado algunos documentos relacionados con la antiglobalización, de modo especial la declaración de Porto Alegre (enero de 2001)[8] y varios documentos del Foro Social de Florencia (2002). Por parte de la globalización, habría que acudir a instituciones como la Organización Mundial del Comercio y el Fondo Monetario Internacional, así como al comunicado final de la reunión del G8 en Génova (julio de 2001).[9] La asimetría es evidente, y he de confesar que esto pudo haber influido en mis apreciaciones, porque, independientemente de las ideas, la vida que anima los movimientos antiglobalización me resulta mucho más atractiva que la frialdad y la seguridad de las organizaciones económicas internacionales.

---

[7] Hechos, 2, 8.

[8] Se puede consultar la página del *World Social Forum* [en línea], disponible en <https://fsm2016.org/en/?s=porto+alegre>, consultado el 17 de abril de 2020.

[9] Las correspondientes páginas web son las siguientes: *International Monetary Fund*, <http://www.imf.org>; WTO, <http://www.wto.org>; la página web oficial del *Vertice di Genova 2001*, que dependía del Ministerio del Exterior <https://www.g8italia.it/>, ya no está vigente; en su lugar se puede consultar una voz de Wikipedia dedicada a todas las cumbres G8: <https://it.wikipedia.org/wiki/G8#Genova_2001>; consultadas todas estas páginas el 17 de abril de 2020.

El indicio central de retórica de redención que se encuentra en los textos antiglobalización es la idea de *un mundo que hay que cambiar*, para lo cual hay que vencer a un enemigo. En la declaración de Porto Alegre se da importancia a la conclusión de que "otro mundo es posible". No se recurre al verbo *salvar*, pero sí se habla, en momentos cruciales, de "construir un nuevo mundo" (Foro Social de Florencia).

Hay una guerra declarada contra un proceso de unidad, pero no es una unidad sin más sino "la dominación del mundo por parte del capital" (Porto Alegre, núm. 1). La carta del Foro Social de Florencia formula así uno de sus primeros principios: "Estamos contra la hegemonía del capital, la destrucción de culturas y civilizaciones diversas". Ya el primer punto de la declaración de Porto Alegre afirma que los grupos ahí reunidos lo hicieron con el propósito de haberse "comprometido en la construcción de una sociedad planetaria finalizada a relaciones fructuosas entre los seres humanos, y entre los seres humanos y la Tierra".

7.3. La diversidad como riqueza

Las expresiones de unidad que se encuentran en la carta del Foro Social de Florencia son numerosas: "Juntos estamos ya construyendo una forma de felicidad pública capaz de derrotar la dispersión de los individuos aislados"; "creemos que la democracia participativa es utilizable en todo el mundo"; "queremos que la globalización comercial sea sustituida por la universalización de los derechos humanos en el respeto de las diferencias".

Tal vez la mejor formulación de unidad se obtiene cuando se especifica la diversidad que se quiere defender: "La capacidad de valorar las diferencias sin transformarlas en obstáculo, sino en una riqueza de la que puedan participar todos, representa la novedad de este movimiento"

(Foro Social deFlorencia). Es claro que lo contrario de la globalización no es una fragmentación sin más.[10]

Una muestra de la complejidad que implica la confrontación del valor de la unidad con el valor de la riqueza nos llega de una fuente completamente diversa y, sin embargo, en notable sintonía de fondo con la declaración recién citada. Se trata de Juan Pablo II en su libro *Cruzando el umbral de la esperanza*, a propósito de las divisiones entre los cristianos. Primero el entrevistador encarece la relevancia de la unidad, que había de ser el modo de reconocer a los discípulos de Cristo, y a continuación pregunta: "¿Por qué el Espíritu Santo ha permitido tantas y tales divisiones y enemistades entre los que, sin embargo, se llaman seguidores del mismo Evangelio, discípulos del mismo Cristo?".

El entonces papa dice que se pueden dar dos respuestas, una más bien negativa, que explica la división como "el fruto amargo de los pecados de los cristianos", y luego otra,

> en cambio, más positiva, [que] surge de la confianza en Aquél que saca el bien incluso del mal, de las debilidades humanas: ¿No podría ser que las divisiones hayan sido también una vía que ha conducido y conduce a la Iglesia a descubrir las múltiples riquezas contenidas en el Evangelio de Cristo y en la redención obrada por Cristo? Quizá tales riquezas no hubieran podido ser descubiertas de otro modo...[11]

---

[10] ¿Qué sería eso? Un texto de Octavio Paz sobre el marqués de Sade nos puede aclarar en qué sentido la pluralidad puede ser un mal: "Pero ¿cuál es la realidad ontológica, por decirlo así, del Mal? Es indefinible; su nombre es *Legión*: dispersión y pluralidad. El único rasgo que aísla al Mal y lo define es ser una excepción. Por esto, al afirmar con maníaca insistencia al Mal como principio único, Sade afirma una pluralidad de excepciones resuelta en muchas negaciones. En suma, el Mal carece de fundamento. Esto es más que una contradicción o que una paradoja: al afirmar al Mal no postula un principio único sino una dispersión. El Mal no es sino miríadas de excepciones. Sade se precipita en una infinidad de negaciones que lo niegan también a él. No es ya sino una excepción más entre las excepciones, un reflejo entre los reflejos de un juego de espejos que se multiplican y se desvanecen", Octavio Paz, "Cárceles de la razón", en *Al paso*, Barcelona, Seix Barral, 1992, p. 148.

[11] Juan Pablo II, *Cruzando el umbral de la esperanza*, Barcelona, Plaza y Janés, 1994, p. 159.

7.4. Argumentaciones y falacias

No me detendré aquí a analizar medios de persuasión, tópicos específicos,[12] *elocutio*, etc. Me voy a concentrar en los esquemas argumentativos más usados o susceptibles de uso, y en sus falacias respectivas. Entre las falacias, una que constituye un peligro próximo tanto para globalizadores como para antiglobalizadores es la de *medio no distribuido*. Consiste en que el conjunto de sujetos no es el mismo en dos premisas, de modo que se atribuyen a los mismos individuos propiedades que están repartidas en diversos grupos pro o antiglobalización. Se llega a este punto frecuentemente por *inducciones apresuradas*. Falacias cercanas son la *caricatura* y la *versión cómoda* (*straw man*), como sería identificar sin más a los antiglobalizadores con los que realizaron actos de vandalismo en Génova en julio de 2001.

También es frecuente el *falso dilema*, y esto es comprensible tratándose de una retórica de redención: de ser verdad que la salvación del planeta está en la aplicación de una determinada medida (ecológica, comercial, etc.), entonces esa medida nos abre una disyuntiva entre la preservación y la destrucción del mundo.

La falacia de *falsa causa* me parece bastante evidente. La historia de la ciencia está llena de descubrimientos de la falsedad de causas atribuidas con anterioridad, y buena parte de las acusaciones y réplicas de globalizadores y antiglobalizadores ante la parte contraria consiste en señalar que lo que sucedió no sucedió por lo que ellos dicen, sino por otra causa.

Quisiera recordar, en la línea de Douglas Walton[13] y de Adelino Cattani,[14] que muchos esquemas que vemos en las falacias pueden ser ra-

---

[12] Sería interesante el análisis de prescripciones y tabúes, por ejemplo el uso de términos como democracia, antidemocracia, neoliberismo o neoliberalismo, imperialismo, capitalismo, militarismo, terrorismo, etcétera.

[13] Véase, por ejemplo, *Argumentation Schemes for Presumptive Reasoning*, Mahwah, Nueva Jersey, Lawrence Erlbaum Associates, 1996.

[14] Es ésa una característica de su libro sobre las falacias, *Discorsi ingannevoli*, Padua, Ediciones GB, 1995. Es también digno de mención su libro *Los usos de la retórica*, ya citado.

zonamientos válidos. Es más, en ocasiones son esquemas argumentativos que de suyo son válidos, y que en circunstancias muy determinadas resultan falaces. El razonamiento por causas es fundamental, sólo que un error en el procedimiento nos puede llevar a detectar mal una causa. Determinar todas las posibilidades (dos o más) es un paso metodológico importante; ahora bien, si en realidad hay más posibilidades de las que señalamos, caemos en un falso dilema. La versión cómoda (*straw man*) es un esquema pedagógico elemental, y cualquier manual tiene que hacer concesiones si quiere ser de verdad un manual: es una falacia cuando no hay noticia de la concesión. Por último, el silogismo tiene un requisito esencial que se refiere al término medio que, si no se cumple, nos lleva a la falacia del medio no distribuido.

Hay un esquema argumentativo que de manera especial me parece relevante en el campo que nos ocupa. Se trata del que parte de una metonimia que podríamos llamar "metonimia real". Ya usé antes la expresión "símbolo real". "Correr tras la medalla de oro" es una metonimia normal, ya que podríamos expresar la misma idea sin recurrir a la metonimia. Sin embargo, algunas gozan de otro grado de realidad: el cuerpo en referencia a la persona, una caricia en relación con el afecto, el jolgorio en relación con la fiesta. El primer elemento de cada una de estas parejas es ya la realidad del segundo, aunque éste no se agota en aquél y es posible quedarse en el primero sin obtener el segundo. Nociones de estructura análoga se han estudiado en otros tiempos: los signos del zodiaco, los síntomas en medicina, los sacramentos y, más recientemente, los actos performativos. Desde un punto de vista cognoscitivo, cabe el error de ver sólo el primer miembro de la pareja. De hecho es el único que se puede *ver*, de modo que el conocimiento del segundo miembro exige *saber ver*, y a veces lo decisivo es *querer ver*. Es importante tomar esto en cuenta cuando lo que hay que conocer es el buen estado del hombre y de la humanidad: dado que no son realidades que admitan una observación directa y total, es necesario atenerse a *síntomas*.

Una falacia de la que deben cuidarse los razonamientos que se apoyan en estas metonimias es la del *buen deseo* (*wishful thinking*[15]): de la constatación de una caricia concluir que hay cariño, o creer que se está haciendo fiesta cuando lo único que se consigue es ruido y borrachera.[16] En sentido contrario, cabe acusar erróneamente a alguien de *wishful thinking* por la propia incapacidad de ver esa plenitud o, como ya se anticipó, por no querer verla. Por la materia de que se ocupan, tanto el discurso globalizador como el antiglobalizador son muy susceptibles de:

- razonar con metonimias reales;
- caer en *wishful thinking*;
- recibir la falsa acusación de *wishful thinking*;
- ver erróneamente en el otro un *wishful thinking*
  por no haber *visto* el carácter real de una metonimia real.

La apertura al *otro* y a su posible maduración es de suyo también un desarrollo de esta capacidad de *ver*.

El carácter positivo y profundo que esta diversidad presenta me invita a terminar con unas palabras de Michael Ende, que dejó en un escrito publicado póstumo:

> La palabra "tolerancia", hoy tan celebrada, no me agrada mucho. Suena en cierto modo a condescendencia. "Tolerar" equivale a "soportar, sobrellevar". Ser tolerante significa, entonces, soportar lo ajeno del otro sin queja o sin agresión, resignarse a ello, de mejor o peor grado. Yo, sin embargo, me alegro de que haya otros que son diferentes de mí. Así, el mundo se vuelve para mí rico y polícromo. A mí, todo lo ajeno me llena del mayor interés, y hasta de una casi erótica curiosidad. A las mujeres también las encuentro atrayentes no porque sean iguales a mí sino precisamente por ser distintas de mí. Ese "ser-diferente" yo no quiero "tolerarlo", quiero

---

[15] Es la falacia que consiste en confundir nuestros deseos con la realidad, o lo que es meramente posible con lo probable o seguro.

[16] Para la situación del puro buen deseo el lenguaje coloquial reserva la expresión "ya quisieras".

conocerlo: incluso –o sobre todo en ese caso– cuando sé a priori que nunca llegaré a comprenderlo del todo.[17]

Pienso que tenemos motivos para ver en Babel una bendición.

---

[17] Michael Ende, "Ávido de lo otro", en *Carpeta de apuntes*, México, Alfaguara, 1996, p. 388.

Persona y persuasión

1. Cortesía o el arte de traducir[*]

Mi llegada al campo de la cortesía puede parecer extraña. Mis reflexiones sobre sus diversas modalidades las fui madurando mientras elaboraba un trabajo lexicográfico sobre el español de México y el español de España, y la primera formulación cristalizó en la ponencia de un congreso sobre negociación, donde mi tema específico fue la negociación de significados.[1] A mí me parecen muy naturales las relaciones entre estos conceptos, pero, si alguna vez me hubiera surgido algún recelo, me lo habría despejado inmediatamente George Steiner con el uso que hace de la noción de cortesía en un ámbito filológico e incluso lexicográfico: "La *cortesía* léxica, el primer paso en la filología, es la que nos hace inquilinos de los grandes diccionarios, tanto generales como especializados".[2]

---

[*] Publicado originalmente en *Ixtus*, 2003, núm. 38, pp. 71-79.

[1] "Negotiating Meanings: The Appeal to Dictionaries". El congreso Negotiation as a Dialogic Concept fue organizado por The International Association for Dialogue Analysis, la Tel Aviv University y The Hebrew University of Jerusalem, Tel Aviv, 13-16 de junio de 1999. Agradezco a Catherine Kerbrat-Orecchioni, profesora de la Universidad Lumière de Lyon y autoridad reconocida en el campo que nos ocupa, los comentarios al texto de aquella ponencia, que constituye una base consistente del presente ensayo. Aprovecho la ocasión para expresar también mi agradecimiento a los amigos y colegas que accedieron a leer y comentar este otro texto. Entre quienes se dedican a la lingüística, quisiera mencionar a Isabel García Martínez (Universidad de Oviedo), Olga Tchesnokova (Universidad Rusa de la Amistad de los Pueblos, Moscú), Michela Cortini (Universidad de Bari; ahora Universidad de Chieti) y Andrea Valente (Universidad Federal de Río de Janeiro; ahora York University, Toronto).

[2] *Presencias reales: ¿hay algo en lo que decimos?*, Barcelona, Destino, 1991, p. 192.

Cortesía, buenos modales, etiqueta. Estos términos nos remiten a nociones de ambigua valoración, oscilan entre una finura con que culmina la bondad y un formalismo que la suplanta. El espíritu de nuestro tiempo está acabando de salir de esa sensibilidad –muy viva en el movimiento del 68– que despreciaba las formas en aras de la sustancia, del contenido. En la actualidad nos es un poco más natural aceptar el valor de las formas en cuanto expresión de la sustancia, lo cual no impide que miremos con cierta sospecha los buenos modales por el peligro real de que no sean expresión de nada sino pura técnica. La "etiqueta", dicha en italiano, es el exacto diminutivo de "ética": si no vamos a vivir una ética, porque nos parece especulativamente insostenible, o porque nos sentimos desengañados, o porque no estamos dispuestos a cumplir sus exigencias, nos queda aún la posibilidad de ser un perfecto *gentleman*, aunque humanamente seamos un fracaso perfecto. La película *Lunga vita alla signora* (1987), de Ermanno Olmi, ilustra magníficamente, todo alrededor de una cena, la transformación de las exigencias profundas de la condición humana en un código formal y, paradójicamente, severísimo (como la higiene, basada en que los olores del cuerpo humano son insoportables). No es ésta propiamente la cortesía sino una de sus corrupciones, de la que no voy a hablar.

Realmente tampoco una ciencia no corrupta de los modales es nuestro tema, porque se trata más propiamente de *politeness* –no *courtesy*–, que es de uno de los capítulos de la pragmática. Dicho de manera sintética, la pragmática es el estudio de los signos en su relación con quienes los usan, a diferencia de la semántica, que estudia las relaciones entre signo y significado, y la sintaxis, que estudia las relaciones de unos signos con otros. Por poner un ejemplo, entran en la consideración de la pragmática las llamadas "implicaturas conversacionales", como la petición implícita de que me pasen la jarra cuando pregunto si queda todavía leche,[3] o los "actos de habla", como las promesas: prometer no es sólo declarar que hay una promesa sino crear la promesa misma.[4] Es fácil percibir la afinidad entre estas

---

[3] Cfr. Paul Grice, "Logic and Conversation", en P. Cole, J.L. Morgan (eds.), *Syntax and Semantics*, Vol. 3. Speech Acts, Nueva York, Academy Press, 1975, pp. 43-45.

[4] Cfr. John L. Austin, *How to do Things with Words*, Oxford, Oxford University Press, 1962.

nociones y la de cortesía: en ésta nos ocupamos de signos, con frecuencia no verbales, en cuanto que expresan o producen determinadas relaciones entre personas.[5] Me tomaré la libertad de prescindir de esos estudios para exponer de un modo más intuitivo lo que he observado a la luz de la experiencia lexicográfica mencionada. Seguiré una polaridad diversa de la postulada por el texto, ya clásico, de Brown y Levinson,[6] todo estructurado en términos de cortesía positiva y cortesía negativa.

1.1. Claridad y delicadeza

La ocasión, pues, para percibir dos versiones básicas de cortesía fue un diccionario del español de México y el español de España. En un trabajo como éste uno presencia continuamente la relación entre dos vidas con su bagaje cultural y, aún antes que esto, la relación entre dos libertades. Steiner observa que "la traducción comprende complejos ejercicios de saludo, reticencia y comercio entre culturas, lenguas y modos de decir".[7] Se habla aquí no sólo del sentido habitual de lo que es traducir sino de todo acto de comprensión del otro, que implica siempre la traducción de su lenguaje al mío, aunque hablemos el mismo idioma. Quizá no haya mejor experiencia de cortesía que la amplitud de horizontes de que nos descubrimos capaces cuando nos toca acoger a un extranjero: ese discreto estudio de sus necesidades y sus medios; esa elasticidad con que se acepta de buena gana lo que venido de uno de los nuestros no habríamos tolerado; la disposición para ajustar términos y conceptos, más apoyados en la buena voluntad que en el rigor de nuestra ciencia.

---

[5] También sobre esto es muy rico Paul Grice, e igualmente conviene recordar la obra de Robin Lakoff: "The logic of politeness", en C. Corum, T.C. Smith-Stark, A. Weiser (eds.), *Papers from the Nineth Regional Meeting of the Chicago Linguistic Society*, Chicago, Chicago Linguistic Society, 1973, pp. 292-305.

[6] Penelope Brown, Stephen Levinson, *Politeness: Some Universals in Language Usage*, Cambridge, Cambridge University Press, 2000. Para una introducción a este otro enfoque de la cortesía véase el siguiente capítulo, "Cortesía, porque nuestra imagen no es sólo imagen".

[7] *Presencias reales*, p. 180.

Debo confesar que, cuando trataba de explicar las diferentes actitudes de mexicanos y españoles en este proceso de traducción, mi tendencia era la de asignar la cortesía al mexicano y su carencia al español. Ahora que me es claro que se trata de dos modalidades de cortesía, veo que mi tentación surgía del elemental mecanismo de identificar la cortesía con la versión propia. Lo que a continuación voy a decir parecerá etiquetar pueblos. No soy amante de las etiquetas, pero sé que hay que registrar su existencia, pues las etiquetas son parte del proceso de entendimiento. Una etiqueta universalmente conocida –un lugar común– de los españoles es la claridad, la valentía, la seguridad, un alta estima del honor. Algo semejante se encuentra por herencia en el carácter del latinoamericano y, por ende, en el mexicano. Sin embargo, hay un cierto sustrato indígena que nos aproxima al mundo oriental y contrasta con la seguridad ibérica: la importancia de no molestar a los demás. Cabe aquí hablar, según los casos, de contrapunto enriquecedor o de crisis de temperamento. En el campo específico de la cortesía la manifestación de estos caracteres se puede expresar como *claridad* y *delicadeza*. Se trata, claro está, de su versión positiva, ya que pueden degenerar objetivamente o ser interpretados como *arrogancia* y *timidez*, respectivamente. No se trata de dos conceptos excluyentes sino de dos paradigmas de la misma realidad.

Insisto en que se trata de una polaridad aplicable a muchos otros análisis. Dentro de México es bien conocida la sensibilidad que reina en algunas regiones del norte, que, por contraste con otras propias del centro y del sur, hace aparecer al norteño como *bronco*. Igualmente cabe explicar desde esta polaridad algunas relaciones entre dos personas o dos grupos pequeños, o entre ciudades o comarcas, como sucede en una situación descrita por Arreola, donde se contraponen usanzas de localidades separadas por poquísimos kilómetros:

—Yo señor, soy de Chuluapan, para servir a usted. Le recomiendo que vaya por allá si le gusta tratar con gente franca. Si les cae mal, se lo dicen en su cara y a lo mejor hasta lo matan, pero eso sí, frente a frente. Claridosos, como nosotros decimos.[8]

1.2. Discurso directo y discurso indirecto

Existe otra polaridad de cortesía que se puede fácilmente confundir con la que nos ocupa: directo/indirecto, una polaridad que podríamos definir "transversal" porque, aunque se puede atribuir a pueblos enteros, con frecuencia es más relevante la diversificación que introduce en los pueblos, grupos y familias en relación dinámica. Es directo quien, cuando comunica algo, expone explícitamente su mensaje en lo que dice. Indirecto es el que dice *otras* cosas, o no dice nada sino que *hace* algo de lo que se debería deducir lo que quiere decir. Un caso paradigmático de perfil indirecto es el británico, que recurre con frecuencia a la ironía (decir lo contrario de lo que se quiere comunicar) o a la elipsis (decir las cosas de manera incompleta). La índole transversal mencionada está en la frecuencia con que sucede que un superior pueda hablar directamente a un subordinado, mientras que éste no podría hacer lo mismo con el superior, al cual se dirige normalmente con un lenguaje indirecto. Lo mismo sucede a veces entre padres e hijos.

Un caso trágico que ha obligado a estudiar este tema es el accidente aéreo del río Potomac de enero de 1982. En el aeropuerto de Washington se preparaba a despegar un Boeing 737, pero antes era necesaria una larga operación para quitarle la nieve y el hielo que se le habían acumulado en las alas. Desde que terminó esta limpieza hasta que se dio la orden de despegar pasaron unos 45 minutos más, suficientes para que se volviera a formar hielo sobre las alas. El primer oficial, que lo había notado y contaba con más experiencia de vuelo en clima invernal que el comandante, hizo repetidas alusiones a la situación, pero ninguna suficientemente clara.

---

[8] Juan José Arreola, *La feria*, México, Joaquín Mortiz, 1992, p. 160. La acción, como toda la novela, se sitúa en Zapotlán, Jalisco. Chuluapan es actualmente una colonia de Zapotlán.

Despegaron y 37 segundos más tarde el avión caía en el río, donde encontraron la muerte 78 personas. Después de esta experiencia, las compañías aéreas y las escuelas de aviación han tratado de intervenir en las modalidades de comunicación entre los tripulantes. Pero no se piense que intentan promover un modo directo de hablar. Más bien se está buscando que los altos mandos sean más sensibles a las insinuaciones de sus subordinados.

1.3. Las cortesías y sus corrupciones

Volvamos a la experiencia lexicográfica de España y México. En infinidad de ocasiones he podido observar que, ante una palabra desconocida que surge en una conversación, el español tiende a concluir que su interlocutor no sabe hablar bien; el mexicano tiende a aceptarla, o al menos no dice nada mientras no ha salido de dudas, cosa que hace en privado. Para ilustrar estas dos actitudes me vienen a la memoria dos escenas un poco extremas. Una es la de un artista mexicano a quien una joven andaluza sin estudios le aseguró que la palabra "compadre" era propia del mundo de la delincuencia y nada más. Como resultado, él me comentó con tono de interés y sin ironía alguna: "Acabo de aprender que usaba mal esa palabra". El otro recuerdo se refiere a un colega español que estaba leyendo simultáneamente dos libros de filosofía, uno de autor mexicano y otro de autor español. Ambas lecturas lo obligaban frecuentemente a consultar el diccionario, pero la manera de expresar esa exigencia variaba según el libro. Cuando se trataba del español, decía "Caramba, ¡cómo domina el lenguaje!"; si el texto era el mexicano, primero exclamaba: "¡Cómo le gusta inventarse palabras!", y después, tras haber consultado el diccionario, confesaba su sorpresa: "¡Sí existe la palabra!".

Todos tenemos experiencia tanto de la claridad como de la delicadeza, y de los límites de ambos paradigmas. "Ah, sí, fue muy sincero conmigo; hasta me dejó un poco herido"; "Te agradezco mucho todo ese tacto, pero hubiera sido mejor que fueras claro desde el principio". Es mala educación la arrogancia, o sea, la corrupción de la claridad. La irresolución

–corrupción de la delicadeza–, aun cuando la podamos asociar a una deficiencia educativa, creo que no la percibimos como descortesía, pero sus efectos son similares, y a veces de largo alcance, a distancia de años, quizá bajo la forma de resentimiento. Quiero recordar, sin embargo, que lo que acabo de llamar "corrupción" bien puede tratarse, a veces, no de una transformación objetiva sino del no reconocimiento de una cortesía al ser vista desde la otra versión.

1.4. Purismo y pluralismo

Con frecuencia hay un factor de pobreza en los recursos dialógicos que complica la negociación de significados y el reconocimiento de los paradigmas de la cortesía. En el ámbito lingüístico, los hispanohablantes tenemos una fuerte tendencia a argumentar desde el falso dilema "correcto/incorrecto". Mexicanos y españoles coinciden en la tendencia a limitarse a esas dos posibilidades, desatendiendo otros criterios, como los regionalismos, los estilos, el gusto, la libertad retórica, la historia de los conceptos, los tecnicismos, etcétera.

No es difícil adivinar las dificultades que esta mentalidad crea a la hora de reconocer una pluralidad de versiones del español, así como una pluralidad de niveles, gustos, etc. Un buen ejemplo lo constituye el uso de los manuales de estilo. Suelen ser instrumentos valiosísimos, pero dejan de serlo cuando se usan como si fueran la norma universal. El manual de estilo de *El País*[9] indica que hay que preferir las formas "amoniaco", "austriaco" y "periodo" a los esdrújulos "amoníaco", "austríaco" y "período". Es una elección de estilo absolutamente legítima. Concluir que las formas del segundo grupo son incorrectas significa no saber usar el manual.

En este tipo de manuales son continuas las referencias al Diccionario de la RAE, unas veces para apoyarse en su autoridad, otras para apartarse de él. En el ejemplo propuesto, si tomamos como señal de preferencia

---

[9] *Libro de estilo El País*, Madrid, El País, 1996.

el orden en el que las palabras se introducen, la elección de *El País* (cuyo criterio es claro: evitar el hiato) sigue la preferencia de la Academia sólo en el segundo caso.[10] Así, quien se aparta de una indicación de un libro de estilo no necesariamente cae en una incorrección. Si acaso, se apartará del estilo del medio correspondiente. Las indicaciones de la Academia tienen otro valor, obviamente, pero tampoco se agota todo en la presencia o ausencia de una palabra en el DRAE, como si eso significara, respectivamente, corrección e incorrección.

Me parece importante subrayar que la reducción a la polaridad "correcto/incorrecto" entra en función cuando la persona reflexiona sobre la corrección del lenguaje. En el habla normal no se pierde necesariamente la riqueza de registros mencionada antes. La polaridad, si aparece, lo hace en el momento del análisis. Si está presente en la vida lo será en la medida en que uno sea muy reflexivo al hablar y padezca de la tendencia a tal polaridad. De igual modo, los criterios de juicio en ámbitos no lingüísticos pueden ser más ricos o más reducidos según las personas y las circunstancias. Sin limitarnos, por tanto, al campo del lenguaje, y tampoco a la comparación entre México y España, o entre sensibilidades directas e indirectas, piénsese en lo mucho que favorece al diálogo una buena disposición a contemplar una pluralidad de criterios para valorar positiva o negativamente una conducta, y una pluralidad también de modos de expresar la valoración. Si a una mujer se le comenta fuera de su país "aquí está mal visto este tipo de manga", no deberá concluir necesariamente que ahí ese corte se considera inmoral. La observación puede también significar que se considera anticuado, o de mal gusto, o que hace que a uno lo identifiquen con un tipo de persona que probablemente no es. Por lo demás, es claro que los criterios de moralidad, de gusto y de identidad se alimentan entre sí. Si a

---

[10] Otra elección es la de "anteayer". Se dice que se ha de preferir, por su brevedad, a "antes de ayer" (muy común en España; "antier", en cambio, es allí palabra casi desconocida). Esta es, una vez más, una legítima opción de estilo, no una norma general. Otro ejemplo: el manual de *El Mundo* dice a propósito de "whisky": "plural en español: 'whiskys'. No 'güisqui'", Víctor de la Serna (ed.), *El Mundo. Libro de estilo*, Madrid, Unidad Editorial, 1996. Sin embargo, el diccionario de la RAE, en la versión entonces más reciente (1992), define el concepto en la entrada "güisqui", y en la de "whisky" sólo hay una referencia cruzada a "güisqui".

esto añadimos la pluralidad de modos de expresión –de modos de formular tales criterios–, no debe extrañar que en ocasiones la maraña resultante sea muy difícil de analizar.

En uso de su libertad expresiva alguien puede formular una indicación de modo exagerado: "Está severamente proscrito en esta casa levantarse de la mesa sin haber repetido postre". Puede ser énfasis, humorismo o pedantería, pero es una posibilidad que quien escucha debe tener en cuenta. También podría irse al otro extremo y quedarse corto: "En esta ciudad está bien visto no atropellar a los peatones". Técnicamente el primer caso se llama hipérbole; el segundo, meiosis (o más comúnmente *understatement*, atenuación). Sin embargo, no es necesario llegar a figuras retóricas tan definidas para que el tema de la expresión se sitúe como una cuestión retórica. Steiner afirma que "la retórica es el arte de cargar con efecto significante las unidades léxicas y gramaticales de enunciación",[11] lo cual es válido para todo elemento comunicativo, aunque no pueda ser caracterizado en términos de "unidades de enunciación". Por parte de quien recibe el mensaje, dice Steiner que se trata de "la *cortesía* que la percepción debe al sentido común, aunque siempre con escrúpulo, siempre dudando de sí misma".[12]

Lo último es válido también para quien envía el mensaje, y con esto nuestras reflexiones están yendo más allá de la idea de comprensión como traducción.[13] Aquí se está tomando en cuenta al otro como persona: nos estamos acercando a una persona. Quien sabe acercarse a una persona sabe que el sentido común nunca es tan común que no requiera ajustes, y que la propia cortesía no se ha de tomar nunca por definitivamente configurada. "Nuestro encuentro con la libertad de la presencia en otro ser humano –escribe Steiner–, nuestros intentos por comunicarnos con esa libertad, implicarán siempre una aproximación".[14] La aproximación no significa

---

[11] *Presencias reales*, p. 196.

[12] *Ibid.*, p. 209. Aquí altero ligeramente la traducción española, que me parece poco clara, siguiendo la italiana. La versión española dice: "Una vez más, el problema es el de la cortesía que la percepción debe, aunque siempre con escrúpulo autocuestionador, al sentido común".

[13] Éste es el título del primer capítulo del libro de Steiner *Después de Babel*: "Entender es traducir".

[14] *Presencias reales*, p. 214.

simplemente que para comunicarse es preciso acercarse al otro. Aquí lo más relevante está del lado negativo: "aproximación" lleva consigo la exclusión de una total identidad. En efecto, Steiner explica que la convergencia no es nunca completa; de lo contrario, el acto de recepción sería enteramente equivalente a la enunciación original, y el huésped no tendría nada que darnos.[15] La necesidad de la cortesía me parece patente en sus dos versiones. Ambas, claridad y delicadeza, corresponden a la condición humana y se equilibran entre sí. En términos morales hay una polaridad que se comporta de manera muy semejante: bondad y fidelidad. Hablamos a veces de personas buenas, muy buenas, tanto que no son capaces de mantenerse fieles a la dignidad de los otros o de ellas mismas; igualmente cabe hablar de personas sumamente fieles (a la ley, a una tradición, etc.), tanto que terminan por lastimar a diestra y siniestra. Bondad y fidelidad se complementan como la delicadeza y la claridad. Ser bueno y fiel al mismo tiempo no es poca sabiduría.

1.5. El buen anfitrión es el buen traductor[16]

"Allí donde se encuentran las libertades, donde la libertad de donación o de retención de la obra de arte encuentra nuestra propia libertad de recepción o de rechazo, es esencial la *cortesía*, lo que he llamado el tacto del corazón".[17] La seguridad que con frecuencia va asociada al paradigma de la claridad es uno de los factores que dificultan, desde el paradigma de la delicadeza, percibir la claridad como cortés: no la vemos "dudando de sí misma", no percibimos en ella un *tacto*. Cuando la ausencia de tacto es objetiva, ya vimos que se trata de la descortesía de la arrogancia.

---

[15] Cfr. *ibid.*

[16] "A master translator can be defined as a perfect host", Steiner, *Real presences*, Chicago, The University of Chicago Press, 1989, p. 146.

[17] *Presencias reales*, p. 190.

Viene ahora una pregunta obligada: ¿es que hay ausencias de tacto objetivas? Tratándose del ajuste entre dos sensibilidades, la índole de la cortesía es esencialmente subjetiva, y ahí está su realidad. Su objetividad, si nos interesa tanto esta palabra. Cuántas veces nos equivocamos, pese a todos los esfuerzos por obrar con tacto. El tacto faltó, pero no el deseo de tenerlo. Ahora bien, hay también ocasiones en que el esfuerzo mismo falta, y eso es lo que llamamos propiamente "falta de tacto". Creo que el único modo de distinguir entre descortesías reales y errores de interpretación está en apelar a la intención de la persona. Es también uno de los modos más frecuentes de deshacer malentendidos: "Puedes estar seguro de que él no te quería molestar". Por otra parte, lo que experimentamos aquí no es sino la índole siempre inacabada de nuestra cortesía, pues cada nuevo encuentro lleva consigo la novedad de la persona.

Pienso que la conciencia de estos mecanismos tan sutiles puede ayudar a superar conflictos, casi siempre por el método de disolverlos. Uno de los inconvenientes del paradigma de la delicadeza es la facilidad con que germinan en él resentimientos. Si sabemos colocar este fenómeno en el contexto de las cortesías, aparte de resolver cantidad de choques menudos, pero uno a uno y sin hacernos muchas ilusiones (pues los choques nunca faltarán), evitaremos la tentación de patentar este perfil como propio de México.

No vamos a querer deducir toda una tipología universal de la cortesía a partir de unos paradigmas. No es mi intención delimitar, es decir, poner unos límites a las versiones de la cortesía, obligar a asociar cada persona a una modalidad precisa, sino justo lo contrario: simplemente mostrar que hay una pluralidad. El recurso esencial del encuentro es, antes que identificar positivamente el tipo de cortesía del otro, reconocer que *no* es el nuestro. Por una de esas singularidades de nuestra condición, será entonces cuando mejor se podrán reconocer los elementos de la común humanidad.

La profundidad de la persona, su misterio, está en la raíz de la verdadera cortesía. Señal de ello son todas esas conclusiones paradójicas a las que llegamos después de encuentros que parecían destinados a parar en desencuentro, tanto entre culturas distantes como en "distancias más próximas", por llamarlas de alguna manera: "Qué distintos somos y cuánto nos parecemos", "Cuántas novedades y, con todo, parecería que nos conociéramos de siempre". La distancia es un elemento esencial del acercamiento, porque entre personas la unidad nunca anula la diferencia.[18]

> Donde hay cortesía entre libertades, se mantiene una distancia vital. Persiste cierta reserva. La comprensión se gana pacientemente y es, en todo momento, provisional. Hay preguntas que no hacemos a quien "llama" a nuestra puerta, a la presencia convocada en el poema o en la música, por miedo a que disminuyan tanto al objeto de nuestra pregunta como a nosotros mismos.[19]

Hemos partido de la noción de cortesía aplicada a la lingüística, recorrimos la metáfora en sentido inverso para recuperar su valencia social, y ahora la luz que proyecta sobre la experiencia artística ilumina igualmente las relaciones entre personas: pretender aclarar todo supondría pensar que nuestro interlocutor tiene un fondo, y que lo tenemos nosotros también. El que sabe acoger, sabe que nunca sabrá cabalmente a quién acoge.

* * *

Para dar profundidad antropológica a la noción de cortesía, el siguiente artículo reflexiona sobre el significado de la persona y del cuidado de la persona: "Dialogue in view of human caring", *Studia Anglica Resoviensia*, 2019, 16(1), pp. 48-59, DOI: 10.15584/sar.2019.16.4

---

[18] Cfr. el capítulo "El valor unitivo de la distancia en el diálogo" de este volumen.
[19] *Presencias reales*, p. 215.

2. Cortesía, porque nuestra imagen no es sólo imagen[*]

Por su misma esencia, la cortesía está ligada al encuentro y a la acogida, es un instrumento del que nos servimos, de modo más o menos reflexivo, para acercarnos unos a otros. Al mismo tiempo, pocas realidades humanas son tan inexorables como a veces la cortesía para recordarnos que hay separación entre los hombres. Alguien podría pensar que un episodio de incomunicación nos debería llevar sólo al recuerdo del hecho de que existen otras lenguas. Pero no es así. No sólo nos acordamos de un hecho, sino que nos sentimos como puestos de nuevo ante un misterio. Y cuando no se trata del fenómeno general del lenguaje, sino del más específico de la cortesía, llaman la atención dos matices nuevos que parecen moverse en sentido contrario. Por un lado, se acentúa la variedad de ámbitos en los que tiene lugar el contacto interpersonal, porque, aparte de los registros del lenguaje (selección de palabras, estilo, etc.), está el inmenso campo de lo no verbal: la mirada, el tono de la voz en sus mil matices, la posición del cuerpo, multitud de posibles gestos, etc. Por otro lado, el carácter existencial de la cortesía hace que ese espectro tan amplio de recursos conserve en ocasiones una notable unidad y sea administrado de una manera básicamente intuitiva y espontánea.

Cuando se vive un error de cortesía el trauma puede ser profundo, pero ordinariamente la cortesía en concreto da más satisfacciones: es en el

---

[*] Publicado originalmente en *Istmo*, 2003, núm. 264, pp. 28-33.

ámbito de lo abstracto donde nos parece un milagro sobrevivir al contacto humano. Dicho de otro modo: de una lista de costumbres y prescripciones de otros pueblos se puede concluir que es muy difícil comunicarnos, si no es que imposible. De la experiencia concreta de habernos comunicado, quizá con esas mismas costumbres y prescripciones de por medio, la conclusión será, si acaso, que es muy difícil explicar cómo lo hicimos.

2.1. Actualidad de la cortesía

Entre los actuales estudios sobre cortesía en ámbito lingüístico (*politeness*) hay uno que se ha convertido en un clásico, el ya citado *Politeness. Some Universals in Language Usage*, de Penelope Brown y Stephen C. Levinson.[1] El título es significativo precisamente porque sugiere una prueba de la universalidad del hombre donde menos lo hubiéramos sospechado. El análisis echa mano saltuariamente de muchas lenguas y culturas, y de modo regular acude a tres idiomas que filológicamente no están de ninguna manera conectados entre sí: el inglés (lengua indoeuropea), el tamil (lengua dravídica, del sur de la India), y el tzeltal (de Chiapas, perteneciente a la familia maya). Poco a poco el lector va concluyendo que la inmensa variedad de sensibilidades sociales es una multiplicidad de medios para obtener sustancialmente lo mismo. Siendo un clásico, es obvio que para los lingüistas el libro de Brown y Levinson no es una novedad. Como aquí no me dirijo a lingüistas, me permitiré exponer en términos sencillos los perfiles de la cortesía que ahí se presenta.

---

[1] Cambridge, Cambridge University Press, 1987. Es una nueva versión del libro publicado en 1978 con el título *Universals in Language Usage: Politeness Phenomena*. No es ésta la última palabra en materia de cortesía: Brown y Levinson pertenecen, junto con Paul Grice, Robin Lakoff y Geoffrey Leech, a la llamada "primera generación". La segunda y la tercera, con enfoques sociopragmáticos y socioculturales, añaden matices muy pertinentes, pero lo que aquí exponemos conserva toda su validez.

Al definir *cortesía*, los diccionarios suelen recurrir a las nociones de consideración, respeto, atención, afecto.[2] Conviene que no se nos escape lo más importante: se trata siempre de relaciones *entre personas*, se trata de consideración, respeto, atención o afecto que una persona tiene a otra, que una persona le muestra a otra. Dentro de la lingüística, la cortesía es uno de los capítulos de la pragmática, al lado de la cual están la semántica y la sintaxis. La *semántica* se ocupa del significado de los signos. Pienso que nos es más o menos familiar hablar de una "cuestión semántica", donde se trata justamente de ver qué quiere decir una expresión. La *sintaxis* estudia las relaciones de los signos entre sí. No es difícil darse cuenta del necesario nexo entre semántica y sintaxis, ya que un signo puede cambiar de significado cuando cambia un signo que lo acompaña. Por ejemplo, aquí he hablado de "lenguas" sin necesidad de aclarar que no me refiero al órgano de la boca, pues el contexto era suficiente. La *pragmática*, en fin, tiene como objeto la relación que hay entre los signos y quienes los usan. Con frecuencia, al oír una palabra en boca de una cierta persona, aparte de la información semántica propia de la palabra –su significado– recibimos una de carácter pragmático, es decir, acerca de la persona que la pronuncia: si es educada o no, si está de buenas o de malas, si desea acercarse a nosotros o quiere mantener una distancia, etc. Estas son cuestiones pragmáticas.

Actualmente los estudios de pragmática están viviendo un auge notable. A mí me parece sumamente positivo este interés, por la atención que ello implica sobre la persona. Hace dos años, en un congreso sobre el diálogo en Bolonia, escuché una ponencia del filólogo inglés John Sinclair,[3] de la Universidad de Birmingham, titulada "¿Es posible entablar una conversación

---

[2] "Demostración o acto con que se manifiesta la atención, respeto o afecto que tiene alguien a otra persona", DRAE, 2001; "Conjunto de reglas mantenidas en el trato social, con las que las personas se muestran entre sí consideración y respeto", María Moliner, *Diccionario de uso del español*, Madrid, Gredos, 1998.

[3] John Sinclair (1933-2007) fue el iniciador del proyecto del *corpus* de la lengua inglesa, es decir, una base de datos que incluye toda la literatura, periódicos de todo el mundo, conversaciones telefónicas, etc., y supone la organización de miles de millones de palabras listas para todo tipo de consultas. Este proyecto lo desarrolla ahora el Centre for Corpus Linguistics de la Universidad de Birmingham [en línea], disponible en <http://www.birmingham.ac.uk/research/activity/corpus/index.aspx>, consultado el 17 de abril de 2020.

con una computadora?"[4] La respuesta era negativa, y entre los motivos aducidos me llamaron la atención los dos últimos, que eran una especie de resumen de los anteriores: *lack of person* y *lack of agenda*. La ausencia de la persona es el motivo fundamental, pero, ¿qué criterios seguimos para concluir que no hay persona? Aquí entra lo último: ausencia de iniciativa. Un programa de software nos puede reservar sorpresas por ser demasiado complejo. Una persona, incluso una que no llamaríamos compleja, nos las reserva siempre, precisamente porque hay una iniciativa, porque no se limita a lo que alguien puso en ella. Si ésta puede ser una de las conclusiones de la pragmática, bienvenido sea el auge de la pragmática entre los lingüistas.

2.2. El arte de salvar la cara

En sentido técnico, la *cortesía* se refiere sólo a la comunicación donde la distancia es grande o, en otras palabras, donde es bajo el grado de semejanza percibida.[5] A la relación de alto grado de semejanza los lingüistas le llaman *familiaridad*; si el grado es altísimo le llaman *intimidad*. Al género que engloba estos tres tipos de distancia se le llama *deixis*. Sin embargo, como éste es un tecnicismo poco conocido, yo usaré en su lugar el término *cortesía*, cosa que tampoco es inusual entre los mismos lingüistas.

La cortesía de Brown y Levinson tiene en su base la noción de *cara*, que es la imagen de sí que cada uno de nosotros desea tener. Las reglas de la cortesía tienen todas de alguna manera el cometido de "salvar la cara". Hay una definición jocosa de cortesía que circula por internet y me he encontrado dos veces con diversos nombres: "Cortesía es un medio diplomático que usan los humanos para ocultar su cara animal y vivir en paz". Esta definición

---

4 Luego publicado así: John Sinclair, "Can we Have a Conversation With a Computer?", en Marina Bondi, Sorin Stati (eds.), *Dialogue Analysis 2000*, Tubinga, Niemeyer, 2003, pp. 79-92.

5 De hecho este matiz explica los grados del adjetivo "cortés". Del muchacho que es familiar y directo con sus amigos no se dice que sea *muy cortés*, aunque ese trato sea perfectamente adecuado (por eso tampoco se dice que sea descortés).

responde bastante bien al sentido negativo de la expresión "salvar la cara". Sin embargo, lo que Brown y Levinson proponen es algo más profundo.

Es un simplismo separar tajantemente en el hombre su ser y su aparecer. Mi imagen no es algo realmente distinto de mí. O, dicho al revés, yo no soy algo realmente distinto de mi imagen. Pertenece a la condición humana el encarnar en una presentación: yo soy yo y mi imagen. Nuestra presentación puede ser más o menos fiel a nosotros, y ésta es una responsabilidad que hemos de asumir. Cuidar una forma no es necesariamente mentir. Bien puede ser un esfuerzo de verdad. Un caso de esfuerzo fallido lo ilustra el cuento de Julio Torri titulado "El mal actor de sus emociones",[6] y todos podríamos añadir algún episodio personal. Por otra parte, la profundidad de la propuesta se ve igualmente en el hecho de que el cuidado de la cara no se limita a la propia, sino que incluye también la ajena. Se considera incluso una cortesía superior la que en primer lugar cuida la ajena. ¿No es lo que llamamos finura? Si alguien queda mal para que yo quede bien, ¿no me parece una delicadeza exquisita?

Un punto capital de esta teoría es la distinción entre dos aspectos de la cara, denominados *cara positiva* y *cara negativa*. La primera responde al deseo de aprobación, de que los demás consideren deseable lo que nosotros consideramos tal. La segunda responde al deseo de autonomía, de que nuestra vida no sufra constricciones. Esta distinción da lugar a dos tipos de cortesía. *Cortesía positiva* es insistirle a nuestro invitado que se vuelva a servir pastel. *Cortesía negativa* es no manifestar contrariedad si él no quiere repetir. Una versión extrema de la primera sería servirle sin preguntar. Lo extremo en el caso de la segunda sería no sugerir siquiera una segunda vuelta ("si quiere, que pida").

La experiencia nos enseña que todo esto puede ser muy complejo. Hace años comía yo con unos amigos nacidos en Italia de madre mexicana y padre italiano. Al final, uno de ellos me preguntó si me quería tomar un helado. La madre intervino inmediatamente: "¿Cuándo vas a aprender que a un latinoamericano no se le pregunta? Si le preguntas te dirá que no.

---

[6] Léase en el apéndice al final de este capítulo.

Si se lo pones delante se lo comerá sin chistar". Esto tiene sus matices, naturalmente, pero el caso es que me comí el helado, y que, años más tarde, huésped de unos amigos en Austria, conté esta breve historia. A la hora de la cena me tocó protestar porque me servían demasiado (lo cual niega parte de lo dicho por la mexicana) y la señora de la casa –no austriaca sino eslovaca– me replicó: "Ahora que me explicaste cómo hay que tratar a los latinoamericanos, yo ya no pienso preguntarte nunca si vas a querer o no". Brown y Levinson dicen que todos reconocemos secuencias como la siguiente: "—¿Quieres tomar algo? —No, gracias, no te molestes. —¿De veras? Mira, tengo whisky, tequila... —Bueno, te acepto un tequila doble". Llaman a este comportamiento "una reluctancia no muy reluctante", e ilustran el caso con material de Tenajapa, Chiapas, que es donde recogieron información sobre el tzeltal. Dicen que ahí "tales secuencias se tienen que cumplir, con mayor o menor duración, aunque para los interlocutores pueda estar claro desde el principio si el ofrecimiento se va a aceptar o no. Ofrecer una sola vez sería tan sorprendente como aceptar a la primera".[7] Es un estira y afloja en el que vive la relación interpersonal.[8] En algunas circunstancias puede ser largo, como ciertas caravanas en Italia ante las puertas ("—Después de usted. —Por favor, usted primero. —No me lo perdonaría..."). En otras puede ser breve, como cuando se pasa al "ya que insistes" sin que haya habido insistencia alguna, o la británica ausencia de un segundo ofrecimiento, que sería considerado una rudeza.

---

[7] *Politeness...*, p. 233.

[8] Un texto del siglo XIV afirma: "Si está en casa ajena, siéntese donde el señor de la casa lo invita a sentarse, sin oponer gran resistencia. No digo que se deba aceptar enseguida que el señor de la casa u otros hagan, por decirlo así, acto de sumisión en honor del huésped, porque la cortesía enseña una humilde reverencia a quien desee honrar a otra persona. Pero hay que seguir esta ley general: en casa ajena, cuando ves que el señor de la casa desea de alguna manera rendirte honor, debes dejarlo hacer, aceptando humildemente su voluntad y reconociendo con gratitud el honor que se te hace", Francesc Eiximenis, *Lo Crestià*, libro III, Cap. 33, tomado de la versión italiana: Gabriella Zanoletti (ed.), *Estetica medievale dell'eros, della mensa, della città*, Milán, Jaca Book, 1986, p. 102 (edición parcial de *Lo Crestià*).

2.3. Estrategias de la cortesía

Las reglas de la cortesía consisten, pues, en la defensa de la cara. Y si hay que defenderla es porque sufre amenazas. Así surge una noción central en la normativa de la cortesía: los actos que amenazan la cara (*Face Threatening Acts*: FTA). El esquema de la obra de Brown y Levinson responde a cinco estrategias de cortesía, ordenadas según la gravedad de la amenaza. Un grado mínimo de amenaza permite realizar el acto con sus propias palabras, sin particulares precauciones. Un grado máximo nos puede obligar a prescindir de ese acto. Entre estos dos extremos hay tres grados. Un escalón cercano al extremo de no realizar el acto es el de no decir propiamente lo que queremos comunicar, sino hablar de otra cosa de tal manera que eso se pueda deducir. A esto se le llama *off record*. Si el contenido es explícito, se llama *on record* y puede ser, como dijimos antes, con sus propias palabras o, en terminología rigurosa, "sin acciones compensatorias" ("Toma el coche y llévame a la oficina"). Pero puede llevar consigo acciones compensatorias ("Oooye, ya que te salió tan bien el último trabajo, ¿no te gustaría...?"), y aquí entran los dos tipos de cortesía ya mencionados, positiva y negativa. Estas cinco estrategias quedan claras en el esquema que se muestra en la siguiente página.[9]

    Varias veces en mi vida he oído, con diversas formulaciones, la idea de que "las reglas están para saltárselas". Pienso que un principio como éste no sólo se apoya en la noción de regla sino que de algún modo la determina. Si se entiende, se entiende también qué es una regla. Se entenderá, por ejemplo, que regla no es lo mismo que ley. No se puede decir que "las leyes están para saltárselas". Tratándose de la cortesía, tal vez se pensará que está constituida por muchas reglas, y que éstas alguna vez admitirán excepciones. Esto es verdad, pero hay algo que explica todavía mejor la naturaleza de la cortesía: la cortesía es esencialmente excepción.

---

[9] *Politeness...*, p. 60.

grado de amenaza de la cara	Realiza el FTA				
Menor · grado de amenaza de la cara · 	Realiza el FTA	on *record*	sin acciones compensatorias		1
			con acciones compensatorias	cortesía positiva	2
				cortesía negativa	3
		off record			4
Mayor	no realices el FTA				5

Hay en lingüística unos imperativos que son conocidos como "las cuatro máximas de Grice", denominadas como las categorías kantianas, que constituyen el "principio de cooperación":

> *Cualidad*: "Sé sincero" (1. no digas lo que consideres falso; 2. no digas aquello para lo que no tengas pruebas adecuadas). *Cantidad*: "No digas ni más ni menos de lo necesario". *Relación*: "Sé pertinente". *Modalidad*: "Sé claro" (1. evita oscuridades y ambigüedades; 2. sé ordenado).[10]

Estas máximas trazan las exigencias del lenguaje máximamente eficaz y económico, y son, en mayor o menor medida, presupuestos de toda comunicación. Sin la presuposición de que normalmente se habla para decir la verdad, no sólo no se podría comunicar la verdad, sino que ni siquiera

---

[10] Paul Grice, "Logic and Conversation", pp. 45-47.

se podría engañar.[11] Ahora bien, ¿es así como hablamos? Si así fuera, la comunicación humana sería mortalmente aburrida, aparte de que los criterios de sinceridad, necesidad, pertinencia y claridad son sumamente flexibles. La sinceridad, por ejemplo, depende del sentido que se dé a las palabras y a la fuerza de las afirmaciones. Nuestros autores observan que

> en las culturas árabe, india y mexicana una proposición como "Ven *mañana* y lo tendré listo" es lo mismo que decir "dentro de unos días", dicho con no menos sinceridad que cuando nosotros decimos "Espera *un segundo*" queriendo decir "unos minutos".[12]

Una tesis fundamental del libro es que "un poderoso y capilar motivo para *no* hablar según las máximas es el deseo de conceder atención a la cara".[13] Y en efecto, un vistazo a la obra da la impresión de que la cortesía es la sistematización de las posibles violaciones de las máximas de Grice.

2.4. Cortesía positiva y cortesía negativa

El habla efectiva contiene muchas virutas. Es posible prescindir de ellas, pero no hay que caer en el racionalismo de eliminarlas sistemáticamente. Una respuesta afirmativa a una pregunta puede adoptar, entre otras muchas, las siguientes formas: "¿Quién? ¿Yo? Sí"; "Sí, así es". Según un lenguaje máximamente eficaz y económico bastaría decir "Sí". Aunque no excluyo que alguna vez pueda ser aconsejable esa reducción, prefiero pensar antes en lo que de hecho expresan esas partes "superfluas" de la respuesta. Pueden ofrecernos tiempo para pensar mejor, pueden quitarle sequedad al monosílabo, pueden dar un poco de ritmo a la frase, pueden

---

[11] "No one could even learn a language in a society where there was an assumption that no one told the truth. It is presumably because this principle is so foundational that superficial violations of it provide the major figures of speech and many of the tools of rhetoric", *Politeness...*, p. 221.

[12] *Ibid.*, p. 177.

[13] *Ibid.*, p. 95.

darle tiempo al interlocutor para reformular su pregunta, pueden darnos material sonoro para dejar oír el tono de la voz que en un monosílabo se acaba demasiado pronto, pueden evitar que demos la impresión de responder sin pensar, pueden esconder con fingida duda una seguridad que nos parece inoportuna, pueden despertar la atención del oyente para que no pierda la respuesta aunque haya empezado a escuchar tarde...

Dijimos que en ocasiones se puede hablar con las palabras exactas, sin ninguna acción compensatoria. Eso significa hablar más o menos como prescriben las máximas de Grice. Fuera de este caso se entra en las violaciones de tales máximas. Incluso entonces las máximas conservan su vigencia porque su violación es significativa, es decir, porque "lleva a los interlocutores a inferir algo a partir de lo que se acaba de violar".[14]

Una rápida revisión del índice del libro puede ser ilustrativa. La *cortesía positiva* usa estrategias como explicitar la atención otorgada al interlocutor ("Debes de estar cansado..."); usar exageraciones ("Tienes una casa absolutamente increíble"); usar expresiones que indiquen la pertenencia al mismo grupo (como el lenguaje juvenil, local, etc., o el uso inclusivo del pronombre "nosotros"); evitar desacuerdo ("Exactamente, eso es lo que yo quería decir"); considerar lo proprio como perteneciente también al interlocutor ("Estás en tu casa"); presuponer o afirmar el conocimiento y el interés por parte del interlocutor ("Como sé que te gusta seguir las grandes ligas..."); ofrecer, prometer ("Despreocúpate: yo me encargo"); ser optimista ("Ya verás que sí lo vas a conseguir"); dar razones o pedirlas ("¿Por qué no te vienes un día a cenar a mi casa?"); incluir al interlocutor en la actividad ("Vamos a calentar la cena", aunque sólo lo haga quien habla)...

La *cortesía negativa*, que ante todo evita coaccionar, es en ciertos aspectos lo contrario de la positiva: preguntar en vez de presuponer ("¿Me ayudas a poner la mesa?"); ser pesimista con respecto a las buenas disposiciones del interlocutor ("Ya sé que esto no te interesa..."), o a sus

---

[14] Michela Cortini, "Silence as Tool for The Negotiation of Sense in Multi-Parties Conversations", en Edda Weigand, Marcelo Dascal (eds.), *Negotiation and Power in Dialogic Interaction*, Amsterdam/Philadelphia, John Benjamins, 2001, p. 176.

conocimientos ("Por si no lo sabes..."), o a sus capacidades;[15] ser deferente;[16] pedir disculpas ("Qué pena, has de estar muy ocupado, pero fíjate que..."); mostrar reluctancia ("Se me está ocurriendo que a lo mejor podría pedirte un favor..."); usar construcciones impersonales ("La gente es de veras tonta", en lugar de "Eres estúpido")...

A estas dos series de estrategias, que tienen en común ser *on record*, se añade otra serie *off record*: insinuar ("Está haciendo fresquito, ¿no?", en lugar de "Por favor cierra la ventana"); dar pistas asociativas ("¿Tienes clases mañana?", en lugar de "¿Me podrías dar un aventón?"); usar *understatements* ("Está medio chistoso", en lugar de "Me parece horrible"); usar tautologías ("Si me ves, es que fui"[17]); contradecirse ("—¿Está tu mamá? —Sí y no", porque se está bañando); ser irónico ("¡Sí, cómo no!"); usar preguntas retóricas ("Hmm, ¿qué te puedo decir?"); ser ambiguo ("Ya sabes, lo que se te ofrezca"); ser incompleto ("Lo que son las cosas", sin decir luego cómo son)...

Estas estrategias nos pueden parecer subterfugios, tretas para escabullirse. Pueden serlo, en efecto, pero no necesariamente. Estas fórmulas son estrategias de cortesía en la medida en que se tenga verdaderamente intención de comunicar.

2.5. Versatilidad de los perfiles de cortesía

Me parece que casi todos los ejemplos que he mostrado los podemos reconocer como posibles recursos nuestros o que, en cualquier caso, los podríamos encontrar en nuestro ambiente. Si nos fijamos en primer lugar en los ejemplos, quizá sentiremos como propios todos los recursos de la cortesía. En cambio, si nos fijamos más en las definiciones o en los nombres

---

[15] La palabra "pesimista" nos puede sonar fuerte, pero no es otra cosa el uso del condicional que nos es tan familiar: "¿Podrías pasarme el agua?"

[16] Que consiste en abajarse ante el interlocutor o levantarlo a él. Una sobrina mía dice que en casa es Lupe normalmente, Guadalupe si su mamá está enojada, *y Lupita si le van a pedir un favor*.

[17] Es un modo italiano de rechazar una invitación.

de las estrategias, probablemente tenderemos a sentir como nuestros algunos grupos de estrategias, mientras que otros los asociaremos a otras culturas. En el ensayo anterior proponía distinguir entre una cortesía de la delicadeza y una de la claridad. Es un tratamiento distinto del que acabamos de ver y, a mi modo de ver, se complementan, porque se trata de tres polaridades que entran en juego: positivo/negativo, claro/delicado, directo/indirecto. Hemos visto que los pueblos latinos (italianos, españoles, latinoamericanos, rumanos...) tienden a ser positivos, pero dentro de ellos hay diferencias entre claros y delicados (españoles y mexicanos, por ejemplo; dentro de estos últimos, los del norte y los del resto del país; una oposición semejante ocurre entre Nicaragua y Costa Rica, o entre Argentina y Bolivia).

Una persona de perfil delicado tiende habitualmente a pensar que la delicadeza corresponde más inmediatamente a la esencia de la cortesía, aunque entienda bien la importancia de la claridad. Lo mismo sucede en otros ámbitos. Los autores de *Politeness*, cuando explican la cortesía positiva, advierten que puede parecer un poco rara, pues la que intuitivamente ellos reconocen como cortesía es la negativa.[18] Pienso que en esta advertencia se nota que son anglosajones, cuyas relaciones interpersonales privilegian la defensa de la autonomía, lo cual es independiente de que se siga el paradigma de la claridad o el de la delicadeza.

Un latino, un eslavo, una persona del Medio Oriente pueden encontrar en su vida numerosos ejemplos de comunicación *off record* y de cortesía negativa, pero se reconocen bastante en muchas estrategias de cortesía positiva que serían impensables en una sensibilidad británica.

Nótese que digo británica, y no me refiero al idioma inglés en general. De la inexistencia en inglés de una distinción entre *tú* y *usted* se podría concluir que hay menos distancia social que en italiano o español. Esta conclusión sería precipitada, porque queda por ver con qué otros medios se cuenta para indicar distancia o cercanía. De hecho Brown y Levinson colocan a Inglaterra entre los países de grande distancia social, junto a

---

[18] Cfr. *Politeness...*, p. 62.

la India, Japón y Madagascar, aunque los grados y las modalidades no son ciertamente iguales.[19]

Un ejemplo en sentido contrario me lo ofrece un trabajo de investigación sobre el lenguaje de la cena familiar lituana.[20] Las lenguas bálticas, como las eslavas, cuentan con numerosos diminutivos, todos claramente jerarquizados. Para muchos de nosotros el acercamiento a este fenómeno lo habrá ofrecido la literatura rusa. Y habremos notado, al mismo tiempo, la enorme distancia social ahí vigente. Pero la distancia puede desaparecer (por ejemplo, en el ámbito familiar) sin que los matices de los diminutivos pierdan su sentido. Copio una conversación en la que participan Linas, de 5 años, Vilius, de 13 (ambos varones), y los papás. En este diálogo no aparecen los diminutivos, pero es relevante saber que se está hablando en una lengua muy sensible a las jerarquías:[21]

> Madre: sabes, Linas
> Linas: ¿qué?
> Madre: ¿sabes lo que le pasó a un ruso?
> Linas: no
> Madre: estaba tomando té como tú y se sacó un ojo
> Linas: ¿de veras?
> Vilius: qué padre
> Padre: se sacó el ojo con la cuchara
> Madre: con la cuchara, sí
> Vilius: no me digas
> Padre: tú también, vas a estar bebiendo así y te vas a picar el ojo
> Madre: sí
> Padre: vas a alcanzar a tu abuelo en el hospital

Al abuelo lo acababan de operar de un ojo. Nótese que en ningún momento se dice "Quita la cuchara del vaso para beber". Ya que la historia de la madre no surte el efecto esperado, el padre es un poco más explícito,

---

[19] Cfr. *ibid.*, p. 251.

[20] Ausra Abraskeviciute, *"Ugniukas Finish Eating the Little Potato": Directives and Address in Family Dinner Conversations*, Vilnius, University of Vilnius, 1998. El material analizado consiste en la grabación en video de la cena de nueve familias con niños entre 2 y 13 años.

[21] Cfr. *ibid.*, pp. 60-61.

pero nunca completamente. ¿Cuántas violaciones a las máximas de Grice podemos contar aquí? Y sobre todo: ¿hay alguna diferencia esencial entre esta conversación y una que pudiera tener lugar en una familia latina de composición semejante?

En la descripción de las máximas de Grice se suele usar un adjetivo que puede parecer poco convincente. ¿Qué significa *eficaz*? Resulta extraño si se piensa en la eficacia de lo exacto, de lo económico. Pero la experiencia nos enseña –y espero que lo hasta aquí dicho lo confirme– que un lenguaje máximamente eficaz es con frecuencia el que repite, o el que omite, o el que dice lo contrario de lo que quiere decir (ironía), o dice "otra cosa" (metáfora). Con frecuencia es ése el lenguaje que logra que nuestra imagen sea verdadera.

2.6. Conocer la reglas para saberlas violar

Como parte de la pragmática, el estudio de la cortesía es prevalentemente descriptivo. No nos dice cómo hemos de comportarnos sino cómo nos comportamos de hecho, con algunas razones explicativas. Sin embargo, aún no siendo una disciplina normativa, ofrece ideas de fácil aplicación. No pienso en lo más específico de las estrategias, como sería la decisión de actuar *off record* o en cortesía positiva, o, más concretamente aún, hacer una promesa, mostrarse pesimista o usar una construcción impersonal. En estas elecciones suele ser más acertada la intuición. Me refiero más bien a conocimientos más generales, como saber, por ejemplo, que alguna frase puede ser parte de la estrategia de cortesía y no el núcleo de lo que nos quieren comunicar, o la capacidad de percibir que "hay diariamente un sinfín de recordatorios de la relatividad sociocultural de la cortesía".[22] El que es consciente de esto sufre menos desencuentros.

Sí, es importante conocer las reglas. Y no menos importante es saber violarlas. Saber, no simplemente atreverse. ¿Y qué quiere decir *saber*?

---

[22] *Politeness...*, p. 253.

Ahí están toda la cortesía, toda la retórica, todo el *savoir-faire*. Hay quien lo estudia y quien lo recibió de regalo. Pero tanto unos como otros deben siempre recordar que se trata de una realidad viva: deben recordar que, porque nuestra imagen no es sólo imagen, exige ser gobernada desde una sabiduría.

Apéndice. "El mal actor de sus emociones", de Julio Torri[23]

Y llegó a la montaña donde moraba el anciano. Sus pies estaban ensangrentados de los guijarros del camino, y empañado el fulgor de sus ojos por el desaliento y el cansancio.

—Señor, siete años ha que vine a pedirte consejo. Los varones de los más remotos países alababan tu santidad y tu sabiduría. Lleno de fe escuché tus palabras: "Oye tu propio corazón, y el amor que tengas a tus hermanos no lo celes". Y desde entonces no encubría mis pasiones a los hombres. Mi corazón fue para ellos como guía en agua clara. Mas la gracia de Dios no descendió sobre mí. Las muestras de amor que hice a mis hermanos las tuvieron por fingimiento. Y he aquí que la soledad oscureció mi camino.

El ermitaño le besó tres veces en la frente; una leve sonrisa alumbró su semblante, y dijo:

—Encubre a tus hermanos el amor que les tengas y disimula tus pasiones ante los hombres, porque eres, hijo mío, un mal actor de tus emociones.

* * *

---

[23] Texto publicado en *Ensayos y poemas* en 1917; lo tomo de la antología *Poesía en movimiento*, México, Siglo XXI, 1988, p. 406.

La filosofía del cuidado desarrolla actualmente una reflexión aplicable a la noción de cortesía en cuanto la protección de la cara/imagen es un acto de cuidado. En este artículo explico de manera introductiva esa profundización antropológica del campo de la pragmática desplegado en los dos últimos capítulos: "Taking Care of Identity through Politeness", *Bulletin of the Transilvania University of Brasov. Series IV. Philology and Cultural Studies*, 2014, Vol. 7, 56(2), pp. 39-50 [en línea], disponible en <http://www.diacronia.ro/ro/indexing/details/A18374/pdf>, consultado el 17 de abril de 2020.

3. Una tópica entre *logos* y *ethos*: la evaluación de la capacidad de entender como medio de argumentación*

La *tópica* o prontuario de estrategias que aquí se propone comprende las fórmulas de diálogo que consisten en evaluar el conocimiento propio o ajeno, el entendimiento propio o ajeno, la capacidad propia o ajena de saber o de entender: yo sé, o no sé, tú sabes, o no sabes, yo entiendo, o no entiendo, tú entiendes, o no entiendes; y las respectivas formulaciones con el verbo *poder*: yo esto no lo puedo entender, tú sí puedes saber, etcétera.

Douglas Walton llama *etóticos* los argumentos que tienen que ver con la credibilidad.[1] Por ejemplo, una argumentación mía será rechazada, o al menos vista con recelo, si hay motivos para considerarme una persona poco veraz, o imprudente, o falta de realismo, o torpe para razonar, o de moralidad dudosa.[2] Los casos que aquí nos interesan son los que se refieren a la percepción y a los recursos cognitivos, donde los argumentos no

---

* Reelaboración de "A Topica between *Logos* and *Ethos*. The Evaluation of Understanding as a Means of Argumentation", comunicación presentada en el congreso Argumentation in Dialogic Interaction, organizado por la International Association for the Study of Argumentation, la International Association for the Study of Controversies y la International Association for Dialogue Analysis en la Università della Svizzera Italiana, Lugano, Suiza, del 30 de junio al 3 de julio de 2002.

[1] Cfr. Douglas Walton, "Ethotic Arguments and Fallacies: The Credibility Function in Multi-agent Dialogue Systems", *Pragmatics & Cognition*, 1999, 7(1): 177-203.

[2] Cfr. *ibid.*, pp. 183-184.

son puro *ethos* (como la veracidad, la prudencia y la moralidad) sino también *logos*.[3]

3.1. Valor cognoscitivo de la experiencia directa

Negar una comprensión o la capacidad de comprender tiene normalmente como base la falta de conocimiento, de modo absoluto o en un especial grado de inmediatez: "Tú no puedes entender lo que es la India (porque nunca has estado ahí)"; o la falta de las condiciones personales adecuadas: "Tú no puedes entender lo que significa tener adolescentes en la familia" (porque tus hijos son más chicos).

Para aceptar que alguien sabe o entiende algo, a veces exigimos la mayor inmediatez posible a la experiencia correspondiente. Es el criterio que expresan los siguientes refranes: "Sólo la cuchara sabe lo que tiene adentro la olla". "Sólo el que ha muerto sabe lo que son responsos". "Sólo el que carga el cajón sabe lo que pesa el muerto". "Sólo el que carga el costal sabe lo que lleva dentro". "Sólo las ollas saben los hervores de su caldo".[4] Estas formulaciones son muy extremas,[5] lo cual es propio de la naturaleza lapidaria o sintética del proverbio y de formas semejantes como el aforismo.[6] Nótese sin embargo que no provienen de una mentalidad científica o ilustrada. Viven al lado de la conciencia o de la comprensión de la experiencia de otros. Por eso la sabiduría popular cuenta también con expresiones que otorgan validez a conocimientos mediados por la inferencia: "De mirarle la zanca al pollo le adivino el andar". "No es necesario comerse todo

---

[3] *Ethos, logos* y *pathos* son, en la retórica de Aristóteles, los tres "medios de persuasión". El primero es el carácter de quien habla, los elementos que lo hacen creíble, el segundo es la corrección del razonamiento, el tercero es el elemento emotivo.

[4] Herón Pérez Martínez, *Refrán viejo nunca muere*, Zamora, El Colegio de Michoacán, 1993, p. 324.

[5] Es claro que todas tienen un sentido exclusivo, y podría incluso faltar el adverbio "sólo" sin que perdieran su exclusividad.

[6] Cfr. Herón Pérez Martínez, *El hablar lapidario*, Zamora, El Colegio de Michoacán, 1996, p. 49 y ss.

el pastel para saber que está bueno".[7] "En el modo de agarrar el taco se conoce al que es tragón".[8]

Es claro que hay otros modos de conocer aparte de la experiencia personal directa: la experiencia personal de personas que conocemos bien, o la literatura, el cine... De hecho aceptamos con normalidad tales conocimientos. A veces nos damos cuenta de haber entendido algo antes de saber por qué. Después nos damos cuenta, pongamos por caso, de que alguien vivió una particular experiencia, y, por la relación que tenemos con esa persona, habíamos dado por válido el contenido de tal experiencia, como si fuera nuestra.

Casi siempre es posible negar el conocimiento de alguien o, incluso, su capacidad de entender, porque siempre habrá una diferencia de edad, género, nacionalidad, profesión, estado, religión, gustos, experiencia o, por lo menos, identidad personal. No me refiero sólo a casos de obstinación sino también a posiciones razonables. "Ah, ustedes los hombres no entienden nada", dice un personaje femenino de *El idiota*,[9] y quizá es un derroche de erudición apelar a Dostoievsky para documentar una convicción que habremos oído formular infinidad de veces. Guillermo Sheridan refiere sus cuitas en un congreso internacional sobre literatura mexicana –cuya historicidad desconozco– donde, al reaccionar él ante una visión muy estereotipada de lo mexicano (cocteles margarita, minisarapes como gafetes, abundancia de color rosa...), se hizo acreedor al dictamen contundente de un profesor estadunidense: "You don't understand Mexico".[10]

---

[7] "'My dear', I said, patting her hand in a tolerant manner, 'five dates is plenty. After all, you don't have to eat a whole cake to know that it's good'. 'False Analogy', said Polly promptly. 'I'm not a cake. I'm a girl'", Max Shulman, *Love is a fallacy*, puede consultarse en línea en varias direcciones, por ejemplo en <https://www.northiowa.org/wp-content/uploads/2018/04/Love-is-a-Fallacy.pdf>, consultado el 17 de abril de 2020.

[8] Pérez Martínez, *Refrán viejo...*, p. 123.

[9] Cfr. Fedor Dostoievsky, *L'idiota*, IV, 1, Milán, Garzanti, 1987, p. 593. Al parecer el original sólo dice "ustedes", y la versión italiana que cito explicita algo que está en el contexto, pues de hecho poco después el mismo personaje añade "todos los hombres son iguales". Agradezco la aclaración a la doctora Olga Tchesnokova.

[10] "La confesión del profesor Garlopa", *Vuelta*, 1990, núm. 163, p. 54. El artículo apareció posteriormente en *Lugar a dudas*, México, Tusquets, 2000, pp. 54-56.

Estos son casos muy sencillos de refutación –o intento de refutación– de una o más tesis mediante la negación de la comprensión del tema por parte de quien las sostiene. Quisiera ahora proponer dos ejemplos más elaborados. Uno viene de *Out of Africa*, de Karen Blixen. La autora interviene en una reunión del *kyama* –un consejo de ancianos–, que debía deliberar sobre un accidente en el que un niño había perdido la vida. "Los *kyama* honraron mi discurso con su atención, pero tan pronto como se hubo acabado mostraron su oposición. '*Msabu*, nosotros no sabemos nada', dijeron. 'Pero vemos que tú tampoco sabes mucho'".[11] Aquí la estrategia argumentativa es más sutil que en los ejemplos anteriores, porque la negación del conocimiento se da en un contexto que presupone la posibilidad de aclarar lo que se sabe y lo que no. Además, la negación del conocimiento del interlocutor va precedida por la negación del propio conocimiento, sagaz estratagema que, con una aparente rendición, traslada al interlocutor la desautorización que por un momento el hablante se aplicó a sí mismo.

El segundo ejemplo es la historia del profesor italiano A, cineasta, que tras el Oscar a *La vita è bella* de Benigni, en 1999, estaba entusiasmado. Hablando con él del tema, mencioné el juicio negativo que sobre la película había hecho el profesor no italiano B, teólogo bastante experto en cine. Con gesto de condescendencia replicó: "El profesor B es un buen teólogo". No se niega directamente la competencia, pero la desautorización está implícita a través del lugar común "Sutor, ne ultra crepidam!"[12] o "Zapatero a tus zapatos".[13]

---

[11] Isak Dinesen, *Lejos de África*, Madrid, Alfaguara, 1986, p. 130. Isak Dinesen es un pseudónimo de Karen Blixen.

[12] La expresión viene de la *Historia natural* de Plinio. Es la exhortación que un pintor dirige a un zapatero tras algunas observaciones inoportunas de éste sobre sus pinturas. Ha asumido formas semejantes en diversas lenguas: "Ciabattin, fa' l'arte tua" (poco usada en italiano, a diferencia de "Villan, fa' l'arte tua"); "The cobbler should stick to his last"; "Schuster, bleib bei deinem Leisten". Cfr. Carlo Lapucci, voz "Ciabattino", en *Dizionario dei Proverbi Italiani*, Florencia, Le Monnier, 2006.

[13] No puedo dejar de notar que, pocos meses antes, el profesor A había publicado un libro sobre la presencia de algunos temas cristianos en el cine y había pedido al profesor B que interviniera en la presentación por su competencia cinematográfica. Y supongo que también por su competencia teológica, que no es óbice para la otra.

Para aceptar un conocimiento, un entendimiento o una capacidad de entender, puede haber razones, evidentemente, pero ante todo hace falta buena voluntad (*eunoia*).

3.2. Valor dialéctico de la experiencia directa

"Ponte en su lugar" es la clásica exhortación para hacer un esfuerzo por entender a otra persona. En alemán se habla también de lugar (*Sich in jemandes Lage versetzen*), mientras que en inglés se habla de ponerse en los zapatos del otro (*to be in someone's shoes*), y en italiano, en su ropa (*mettersi nei panni di qualcuno*).

Si normalmente no somos tan rigurosos en exigir la experiencia personal más directa posible de parte de nuestro interlocutor, es por una cuestión de reciprocidad, pues bien podría suceder que por nuestra parte fuera muy difícil hacer otro tanto. Cuando rechazamos una información o una argumentación, apelar a esas faltas de experiencia es bastante instintivo, pero como se dijo antes, vivimos tales conocimientos con bastante naturalidad.

Siguiendo una línea de estudio emprendida hace tiempo,[14] ahora voy a resaltar el papel del *ethos* y, más precisamente, el de la buena voluntad. Éste no es exactamente el *ethos* retórico como medio de persuasión. Se trata más bien de una versión receptiva del *ethos*, no el papel de mi *ethos* para persuadir a alguien, sino el papel de mi *ethos* para entenderlo. Hay un conocimiento o una certeza que cabe reconocer con mi buena voluntad. Es bien conocido lo fuerte que es la luz de la voluntad de entender, qué diferente es una explicación para alguien que *quiere* entender, a diferencia del

---

[14] Aparte de otros textos recogidos en este volumen, en particular "Babel y la retórica de la redención", "El papel de la buena voluntad en la comunicación conflictiva" y "*Wishful Thinking* y argumentación por metonimia", véase R. Jiménez Cataño, Isabel García Martínez, "Separating *vs.* Uniting Distance in Chicano Speech", *Anglica Wratislaviensia*, 2004, núm. 42, pp. 101-109. De este ensayo existe una edición digital: *Revista Eletrônica do Instituto de Humanidades*, Universidade Unigranrio, 2005, Vol. IV, núm. XV, [en línea], disponible en <http://publicacoes.unigranrio.edu.br/index.php/reihm/article/view/490>, consultado el 17 de abril de 2020.

que se resiste.[15] "No hay peor sordo que el que no quiere oír", se dice. Piénsese en lo que sucede cuando se usa una analogía, que comporta siempre una identidad en un ámbito delimitado y, por ende, una no identidad fuera de él. Sin la buena disposición para reconocer el ámbito de la identidad (el *tertium comparationis*), es posible que uno vea sólo el campo donde no hay identidad. Podemos resumir todo esto en la capacidad de indicar eficazmente y, correlativamente, de reconocer "lo mismo". Un buen ejemplo –paródico, pero realista– del modo como un diálogo se puede empantanar en la insistente propuesta de *lo mismo* y su igualmente tenaz rechazo –"¡no es lo mismo!"– es el siguiente:

—¿Por qué lees esa revista?

—¡Tengo un hijo de doce años! Él lee la revista mientras se dosifica varios cientos de electrodecibeles con los audífonos de su Discman y blande una metraguitarra eléctrica imaginaria en sus manos. ¡No sé qué está pasando!

—Lo mismo que no sabían tus papás cuando oías a los Beatles en el 65.

—No es lo mismo.

—Sí es lo mismo.

—Para empezar, lo único que querían los Beatles era tomar a una chica de la mano; estos tipos podrían enumerar cien cosas que hacerle a esa mano antes de considerar la posibilidad de simplemente tomarla. Así que no es lo mismo.

—Es lo mismo.

—Los Beatles traían sus saquitos y sus corbatitas y estos degenerados se tatúan alacranes en los puños, puñales en los antebrazos y pirañas en las nalgas; no usan camisa desde que salieron de la escuela parroquial, se rellenan los ombligos de estoperoles, se

---

[15] Cfr. Adelino Cattani, *Los usos de la retórica*, pp. 63-85. Nótese en particular el contraste entre las falacias típicas de la polémica y las del coloquio: en la primera abunda el ataque personal, debido a que la atención tiende a pasar del tema a la persona; en el segundo el peligro está en la frecuente falta de sentido crítico.

maquillan más que Liberace y desayunan café negro con rebaba de litio. *No es lo mismo.*

—Es lo mismo.

—Los Beatles traían su peinadito de pajecitos y se balanceaban dulcemente al cantar; en cambio las cabezas de estos homínidos sólo son la percha de sus peinados estilo catarata del Niágara, usan pintura esprai en vez de desodorante, se cuelgan cencerros de las narices y bailan como si estuvieran sodomizando una anguila eléctrica. ¡Es lo mismo, ja![16]

La negación del conocimiento tiene con frecuencia un uso meramente retórico. No hay que confundir ese uso de "tú no tienes idea", "no te puedes imaginar...", que son expresiones del todo pacíficas, con la negación de la autoridad para hablar de un cierto tema. "No tengo ni idea" suele ser un simple reconocimiento de la falta de conocimiento, enfático con respecto a "no lo sé".

"No entiendo" o "no puedo entender" tienen varios usos. Tales expresiones aparecen implícitamente ligadas al concepto de "absurdo". De manera suave, uno quiere decir "A mí me parece absurdo, ¿qué explicaciones me puedes dar?" De nuevo en *El idiota*, Rogozin dice al príncipe Mishkin: "Tú dices que la amas por compasión; en cambio yo *ni siquiera entiendo un sentimiento semejante*".[17] En *El gran Gatsby* se lee: "—A mí no me gustan los misterios —respondí—, y francamente no entiendo por qué tú no me puedes decir lo que quieres. ¿Por qué he de enterarme a través de la señorita Baker?".[18]

Estas declaraciones ponen con frecuencia al sujeto en una situación de vulnerabilidad. En un diálogo polémico son demasiado arriesgadas (y de

---

[16] Guillermo Sheridan, "Forever Young", en *Lugar a dudas*, pp. 190-193; el artículo apareció primero como "Oiga ¿no sabe 'psycho love'?", *Vuelta*, 1992, núm. 187, p. 73.

[17] *L'idiota*, II, 3, p. 258.

[18] "'I don't like mysteries', I answered. 'And I don't understand why you won't come out frankly and tell me what you want. Why has it all got to come through Miss Baker?'", Francis Scott Fitzgerald, *The Great Gatsby*, Cap. 4, Cambridge, Cambridge University Press, 1991, p. 57.

hecho el clima de la polémica no facilita tales pronunciamientos, que son más propios de conversaciones de mayor confianza, a menos que se goce de una notable autoridad). De un contexto familiar viene la siguiente confidencia: "He recibido llamadas de él en que ya no sé ni qué decirle. Mis hijos son tan opuestos a todo lo que él está pasando que *no me puedo imaginar conflictos así*; por supuesto tampoco los hubo así con mis padres, ni he oído relatos semejantes entre mi mujer y los suyos".

En una versión más fuerte, la negación de la propia capacidad de entender es una afirmación del carácter absurdo de la cosa misma: "Si yo no puedo entender, es que no se puede entender". Es el caso del siguiente ejemplo: "*Yo puedo entender* al ebanista que convence la madera a que se convierta en mueble, o al artista que entrecierra los ojos para mirar mejor su obra, pero *no consigo entender* la satisfacción del empleado que quiere pasar a ministro, al subdirector que quiere pasar a director. *No entiendo* al hombre que desea el poder no por lo que el poder puede dar, sino por lo que el poder representa".[19]

Aquí entraría también la escena arriba citada de *Out of Africa*. Después de afirmar que la autora no sabe mucho, los ancianos añaden: "Y sólo entendemos un poco de lo que nos dices".

Hay ocasiones en que el negarse a sí mismo la capacidad de entender algo tiene carácter riguroso y no puramente enfático. Es un gesto de honestidad intelectual no frecuente. Un buen ejemplo de esto lo ofrece Octavio Paz en una entrevista cuando, después de haber expuesto la concepción cristiana de lo que son el tiempo y la eternidad, hacía notar a la entrevistadora: "Es algo que ni usted ni yo podemos entender con claridad porque hemos perdido la dimensión religiosa de la existencia".[20]

Hay aún otro matiz posible, ordinariamente de gran eficacia: declarar el paso de no saber a saber. Se suele tratar de la adquisición de un nuevo modo de conocer algo que ya se conocía. El caso más frecuente es el paso del conocimiento teórico al práctico, como el de quien dice "Ahora

---

[19] Luciano De Crescenzo, *Così parlò Bellavista*, Milán, Mondadori, 2000, pp. 92-93.

[20] "Octavio Paz, entrevista de Rita Guibert", en *Pasión crítica*, Barcelona, Seix Barral, 1985, p. 95.

sé lo que es tener 38 años", pero en ocasiones consiste en una profundización en el mismo tipo de conocimiento. "Tú no sabes aún qué es la misericordia. La descubrirás de viejo cada día un poco más".[21] Así se expresaba don Luigi Giussani, de 73 años, ante un entrevistador de 41. Un progreso semejante en la experiencia se expresa en este comentario de una madre a la que le cuesta ver que a su primogénito se le acerca el tiempo de dejar la casa paterna para formar su propio hogar, y parece encontrar una luz para sus conflictos con la generación anterior: "Ahora empiezo a entender a mi suegra: tantos años de cuidar a un hijo, para que de repente venga una vieja y se lo lleve así nomás".

* * *

Aunque de un ámbito de reflexión bastante diverso, en este artículo trato temas relacionados con la relación entre lo objetivo y lo subjetivo en el conocimiento, y la importancia de tener conciencia de la propia situación epistemológica y de la de los demás, para un mayor entendimiento: "La analogía entre el Creador y el autor literario en *La Casa Pushkin* de Andrei Bítov", en Ruth Gutiérrez Delgado (ed.), *Poéticas de la persona. Estudios en homenaje a Juan José García-Noblejas*, Salamanca, Comunicación Social, 2013, pp. 123-133.

---

[21] Luigi, Giussani, Renato Farina, *Un caffè in compagnia*, Milán, Rizzoli, 2004, p. 36.

4. *Wishful thinking* y argumentación por metonimia[*]

El tema que propongo puede comenzar con una pregunta como ésta: ¿cuál es la argumentación válida cuya corrupción llamamos buen deseo o *wishful thinking*? O bien, ¿cuál es la versión válida del *wishful thinking*? Son más las falacias que poseen un nombre conocido que los esquemas argumentativos válidos igualmente reconocibles por su nombre. Éste es uno de los motivos de la frecuencia con que algunos esquemas son tomados erróneamente como falaces: porque su nombre se reconoce como el de una falacia, porque tienen "nombre de falacia".

4.1. Algunos errores originados por la terminología

Examinemos tres ejemplos de este fenómeno. 1. *"Slippery slope"* ("pendiente resbalosa") es el nombre de una falacia. La argumentación no falaz que sigue el mismo esquema es conocida como "transitividad del condicional". 2. A menudo "argumento de autoridad" se considera el nombre de una falacia, aunque es claro que apelar a una autoridad puede ser un

---

[*] Publicado originalmente con el título "Wishful Thinking and Argumentation through Metonymy", en Cornelia Ilie (ed.), *Language, Culture, Rhetoric: Cultural and Rhetorical Perspectives on Communication*, Edsbruk, Akademitryck, 2004, pp. 36-46. Se trata de una comunicación presentada en el congreso Language, Culture, Rhetoric: Linguistic Communication in a Cultural and Rhetorical Perspective, organizado por la Association Suédoise de Linguistique Appliquée (asla) en la Örebro University, Suecia, 6-7 de noviembre de 2003.

procedimiento perfectamente válido. 3. "Versión cómoda" ("*straw man*": "espantapájaros") también es el nombre de una falacia. Su esquema válido correspondiente no es tan claro como el caso de la pendiente resbalosa y la transitividad del condicional. Su estructura es una simplificación, y las simplificaciones tienen usos válidos; un ejemplo de ello son los recursos pedagógicos. La versión válida de la falacia sería el caso de un proceso cognoscitivo que va "de lo más conocido a lo menos conocido".

4.2. Metonimias reales

De acuerdo con lo anterior, pienso que hay algunas estrategias de argumentación por metonimia que, cuando se corrompen, se convierten en casos de *wishful thinking*. Aquí trataré dos tipos de metonimia (o grupos de metonimias) que pueden padecer esta corrupción. El primer caso lo descubrí en entidades que estudié en el terreno de la poética: la creación artística, la experiencia poética, que poseen fuertes vínculos con la condición humana. Para entidades como éstas he encontrado y utilizado la denominación "símbolo real". Considero que son un tipo de metonimia y que se pueden denominar "metonimias reales", porque tanto el conocimiento como la expresión del objeto son de índole intrínsecamente metonímica. Pensemos en los siguientes pares de términos:

texto	-	poema
cuerpo	-	persona
caricia	-	afecto
romance	-	amor
asamblea	-	comunión
jolgorio	-	fiesta
performance	-	pieza musical

Las entidades de la columna izquierda representan el camino para alcanzar las entidades de la columna derecha. Estas parejas son *vehículo* y *objetivo*[1] en un sentido cognitivo, con una base real, y no necesariamente en un sentido lingüístico o al menos no con el mismo valor (en particular, no con el mismo valor pragmático). La base real puede ser formulada de esta manera: la realidad de la columna izquierda es ya la realidad de la columna derecha correspondiente, pero la segunda no se reduce a la primera.

4.3. Vehículo y objetivo de las metonimias reales

No se trata siempre de la misma relación. En las metonimias reales, el vehículo es para el objetivo una mezcla de lugar, expresión, sustrato, parte, instrumento. Es el lugar que al mismo tiempo es parte de la cosa situada (pensemos en el caso cuerpo/persona); es la expresión, pero es por sí misma la cosa expresada (como en caricia/afecto[2]); es el sustrato, pero tan constitutivo del todo que uno podría confundirlo fácilmente con el todo (el caso de jolgorio/fiesta); es una parte, pero nuestra experiencia es la de tener sólo el objetivo (pensemos en *performance*/pieza musical); es un instrumento, pero un instrumento que no puede ser separado (el caso de texto/poema).

Estos pares de términos se iluminan entre sí. En el uso cotidiano, quizá "cuerpo" haga un binomio más frecuente con "alma" que con "persona", y si pensamos en una caricia como el cuerpo del afecto, ¿qué sería *lo otro*? En este caso, prefiero pensar en el afecto como la entidad completa, como la persona, no como la "otra parte" del todo, como es el caso del alma. Dos textos, uno de Luigi Pareyson y el otro de Octavio Paz, ofrecen un paralelismo revelador entre el ser humano y la obra artística. Luigi Pareyson escribe: "La obra de arte es inseparable de la ejecución que le da vida y, al mismo tiempo, no se puede reducir a ninguna de sus ejecuciones".[3] Octavio Paz dice por su parte: "Nuestra condición consiste en no identificarse

---

[1] *Vehicle/target* es la terminología más usada por los lingüistas en este campo.

[2] Es elocuente que el término español *cariño* cubra las dos columnas.

[3] "L'opera d'arte è inseparabile dall'esecuzione che la fa vivere e al tempo stesso irriducibile a ciascuna delle proprie esecuzioni", Luigi Pareyson, *Verità e interpretazione*, p. 71.

con nada de aquello en que encarna, sí, pero también en no existir sino encarnando en lo que no es ella misma".[4]

Radden y Kövecses[5] explican la sustitución de "audición" por *oreja*, de "intelecto" por *cerebro*, y de "control" por *mano*, como la sustitución de "cosas abstractas por sus partes concretas". Sin embargo, me cuesta trabajo pensar que haya cosas abstractas en la columna derecha del esquema. ¿El amor es una entidad abstracta? ¿Lo es la persona? ¿Qué hay de la pieza musical? Si "abstracto" significa simplemente "que no se puede tocar", entonces es verdad que sólo podemos asir las entidades de la columna derecha en la medida en que asimos las de la columna izquierda.

Pero, ¿quién piensa que una persona no se puede tocar? Obviamente esto dependerá de nuestro concepto de hombre (nuestra antropología). Pienso que el referente completo de pronombres como "yo", "tú" y los nombres propios es una biografía. El significado completo de "yo" es mi vida completa, y lo que yo sé sobre mí mismo funciona metonímicamente para denotarme. De acuerdo con lo que Radden y Kövecses llaman "principio que gobierna la selección del vehículo preferido",[6] encontramos en nuestras columnas los siguientes principios: "lo concreto sobre lo abstracto" (es decir, preferir el nombre de algo concreto para denominar algo abstracto), "lo corporal sobre lo emocional/activo/mental/perceptivo", "lo visible sobre lo invisible", "lo inmediato sobre lo no inmediato". Pero de nuevo he de enfatizar que estamos hablando de metonimias *reales*: acceder a la pieza musical a través de la ejecución no es una opción de estilo.

---

4 Octavio Paz, *El arco y la lira*, México, FCE, 1986, p. 193.

5 Cfr. Günther Radden, Zoltán Kövecses, "Towards a Theory of Metonymy", en Klaus-Uwe Panther, Günther Radden (eds.), *Metonymy in Language and Thought*, Amsterdam, John Benjamins, 1999, p. 31.

6 Cfr. *ibid.*, p. 44 y ss.

4.4. Malentendidos, errores y engaños originados por metonimias reales

Es fácil ver la posibilidad de captar el vehículo (vehículo real) sin captar el objetivo, y pensando quizá que sí lo hemos logrado. En este caso podemos hablar de *wishful thinking*: "Le he escuchado leer ese poema, pero no entiende nada"; "tú piensas que conquistaste su amor, pero ella sólo buscaba una aventura";[7] "son buenos para armar jolgorio, pero no saben lo que es festejar". Algo semejante ocurre en las reuniones familiares cuando falta una armonía completa, y lo mismo cabe decir de las iglesias.

Ahora bien, también existe la posibilidad de pensar que alguien haya captado sólo el vehículo cuando en realidad captó el todo. Esto sería una falsa acusación de *wishful thinking*, en cuyo origen creo que usualmente hay una incapacidad para *ver en cierta manera*, para *ver como*. Para *ver como otro* tenemos que compartir un horizonte. No puedo ver si alguien captó el todo cuando no comparto el horizonte que me permite comprender la conexión entre el vehículo y el objetivo. Esto significa que la falsedad de tales acusaciones proviene de una lectura defectuosa, de una interpretación errónea. Las metonimias reales son siempre débiles en este punto. Que es, por lo demás, la debilidad de todas las metáforas. Creo que hay un tipo de definición que presenta la misma debilidad.

4.5. Definiciones metonímicas

Esto nos lleva al segundo tipo de metonimia (o segundo grupo de metonimias). He leído y estudiado con relativa profusión la obra de Octavio Paz, y he publicado acerca de la misma.[8] Me siento en deuda con Paz en mucho

---

[7] Creo que "aventura" es mejor pareja de "amor" que "romance", porque todo amor es una aventura, aunque hay aventuras que se quedan en aventura. No pongo el término en el esquema porque esto se entiende sólo cuando ya se sabe de qué se está hablando.

[8] Por ejemplo, *Octavio Paz. Poética del hombre*, Pamplona, EUNSA, 1992; una edición posterior, con siete textos más, es: *Lo desconocido es entrañable. Arte y vida en Octavio Paz*, México, Jus, 2008.

de lo que estoy diciendo ahora, como la relación entre texto y poema, y la analogía con la condición humana. Uno de sus libros más conocidos, *El laberinto de la soledad*, ofrece una descripción de la condición mexicana. Escribo *condición* porque él subraya que su libro no es un ensayo filosófico sobre el ser mexicano, sobre una pretendida "mexicanidad". Dice Paz:

> Viejo o adolescente, criollo o mestizo, general, obrero o licenciado, el mexicano se me aparece como un ser que se encierra y se preserva: máscara el rostro y máscara la sonrisa. Plantado en su arisca soledad, espinoso y cortés a un tiempo, todo le sirve para defenderse: el silencio y la palabra, la cortesía y el desprecio, la ironía y la resignación. Tan celoso de su intimidad como de la ajena, ni siquiera se atreve a rozar con los ojos al vecino: una mirada puede desencadenar la cólera de esas almas cargadas de electricidad. Atraviesa la vida como desollado; todo puede herirle, palabras y sospecha de palabras. Su lenguaje está lleno de reticencias, de figuras y alusiones, de puntos suspensivos; en su silencio hay repliegues, matices, nubarrones, arcoíris súbitos, amenazas indescifrables. Aun en la disputa prefiere la expresión velada a la injuria: "al buen entendedor pocas palabras". En suma, entre la realidad y su persona establece una muralla, no por invisible menos infranqueable, de impasibilidad y lejanía. El mexicano siempre está lejos, lejos del mundo y de los demás. Lejos, también, de sí mismo.[9]

A veces la gente me dice que estas definiciones son estereotipadas, como construidas para hallar en ellas lo que el autor desea hallar. Esto es lo que quiero decir con la expresión "lectura defectuosa".

Aristóteles usa este tipo de definiciones descriptivas y las justifica. En los *Tópicos* anuncia que las distintas especies de razonamientos que va a estudiar las presentará de modo sumario, y explica:

> Éstas son todas las distinciones que podemos hacer acerca de todas las cosas mencionadas y las que se mencionarán, pues no nos proponemos dar una explicación exhaustiva de

---

[9] Octavio Paz, *El laberinto de la soledad*, México, FCE, 1993, p. 32.

ninguna de ellas, por cuanto, al contrario, queremos discurrir en torno a ellas sumariamente, al estimar que es más que suficiente, de acuerdo con el método preestablecido, poder reconocer, de alguna manera, cada una de ellas.[10]

Ésta es la justificación, y Aristóteles recurre con frecuencia a tales definiciones aproximadas: sobre la felicidad,[11] sobre las nociones de bien y su tipología,[12] sobre las pasiones y los caracteres.[13] Pensemos también en la descripción del joven, la del viejo, la del rico, etc.[14] Veamos, por ejemplo, la breve descripción que hace del hombre afortunado:

> La buena suerte proporciona también, por partes, los caracteres correspondientes a los ya mencionados [*de nacimiento noble, de riqueza y poder*] (puesto que a ellos tienden los que se consideran ser efectos principales de la buena suerte). Además la buena suerte predispone a tener abundancia de ventajas en relación con una buena descendencia y con los bienes del cuerpo. Por lo tanto, a causa de la buena suerte se es más orgulloso e irreflexivo. Pero también acompaña a la buena suerte el mejor de los caracteres: a saber, que hace ser religioso y estar en una disposición de confianza ante lo divino, en razón de los bienes sobrevenidos por la fortuna.[15]

Como sucede con la definición de "mexicano" de Paz, no toda persona afortunada es exactamente eso, todo eso y nada más. En su traducción

---

[10] *Tópicos* I, 1, 101a18 ss. Utilizo la versión de Miguel Candel Sanmartín, *Tratados de lógica I*, Madrid, Gredos, 1982. Además, véase *Retórica* I, 10, 1369b31-32: "A este respecto, no obstante, conviene proceder según el uso de que las definiciones son suficientes cuando, en cada caso, no son obscuras, aunque no sean tampoco rigurosas". Veáse también, *Ética a Nicómaco*, I, 7, 1098a26-29.

[11] Cfr. *Retórica*, I, 5.

[12] Cfr. *ibid.*, I, 5-6.

[13] Cfr. *ibid.*, II.

[14] Cfr. *ibid.*, II, 12-17.

[15] *Ibid.*, II, 17, 1391a30-1391b3.

y comentario a la *Retórica*, Quintín Racionero llama a esto "definición dia-léctica",[16] aunque esa terminología no está muy difundida.

La ilusión del *wishful thinking* se da cuando tomamos algo, que se pretendía describir "sumariamente", como una definición exacta. Nótese que no toda corrupción de esas descripciones es un caso de *wishful thinking*. Si tomamos esta descripción en una forma dinámica, es decir, como la descripción de qué o cómo *debe* ser una persona afortunada (o lo que *yo pienso* que alguien *debe* ser"), la lectura errónea será, sí, un caso de *wishful thinking*. En cambio, si la tomamos como descripción de lo que *es*, su lectura incorrecta podría corresponder a otras falacias: la *caricatura* o la *versión cómoda*.

Veamos otro caso de definición. Del México antiguo conservamos una amplia gama de descripciones de tipos humanos: el hombre, la mujer, la niña, la anciana, el sabio, el artista. Hay muchas descripciones de artistas concretos: el alfarero, el poeta, el pintor, el orfebre, el artista plumario, el herrero, el joyero, el cantor. Estas descripciones tienen tres partes. Primero se dice "el pintor", y se ofrecen algunas notas características de este artista; luego viene "el buen pintor", y de nuevo algunas notas. En tercer lugar, "el mal pintor", seguido de sus respectivas notas. Como se puede suponer, entre las características de "el pintor" y las de "el buen pintor" no hay diferencias relevantes.[17] Veamos un ejemplo:

> *El artista*: discípulo, abundante, múltiple, inquieto. *El verdadero artista*: capaz, se adiestra, es hábil; dialoga con su corazón, encuentra las cosas con su mente. El verdadero artista todo lo saca de su corazón; obra con deleite, hace las cosas con calma, con tiento, obra como un tolteca, compone cosas, obra hábilmente, crea; arregla las cosas, las hace atildadas, hace que se ajusten. *El artista torpe*: obra al azar, se burla de

---

[16] Cfr. Quintín Racionero, nota a *Retórica* I, 5, 1360b14, en *Retórica*, ed. cit., p. 205. Aristóteles introduce una definición de felicidad con las palabras "ésto eudaimonía", que Racionero traduce como "entendamos por felicidad" y observa que es una fórmula con que Aristóteles suele introducir este tipo de definición.

[17] Desarrollo con amplitud este tema en "El perfil del artista en la cultura náhuatl", *Nueva Revista*, España, núm. 97, 2005, pp. 145-161.

la gente, opaca las cosas, pasa por encima del rostro de las cosas, obra sin cuidado, defrauda a las personas, es un ladrón.[18]

Parece claro que una descripción del artista en general ha de contener las características del buen artista, y esto no es *wishful thinking* de suyo, aunque pueda serlo en algunos casos. El esquema de la falacia de la versión cómoda suele consistir en tomar el caso negativo en lugar de la definición neutral. Es lo que sucede, por ejemplo, cuando se da como definición de la retórica lo que en realidad es una corrupción de la retórica (como "el arte del engaño", pongamos por caso), o cuando se presenta el fundamentalismo islámico como si eso fuera el islam sin más.

Este esquema de definición (definir "X" con las características de "el buen X") no es exactamente la metonimia de las escalas, como *altura* para la escala "bajo-alto" o *anchura* para la escala "estrecho-ancho", *profundidad* para la escala "superficial-profundo", etc. (También es el caso de *valor de verdad* para "verdadero" o "falso", aunque no se trata de una escala). Éste es el principio que Radden y Kövecses denominan "lo más sobre lo menos"[19] y nuestro caso es cercano a éste, pero aquí encuentro más relevante el principio "lo ideal sobre lo no ideal" (mejor que "lo estereotipado sobre lo no estereotipado" y "lo típico sobre lo atípico").

4.6. Uso de las metonimias reales

Respecto a los usos de la metonimia lingüística a través de las metonimias reales, sólo puedo mencionar los más típicos. Cuando la metonimia es inconsciente hasta el punto de implicar una identificación entre el vehículo y la realidad completa, es un error de lectura o una elección existencial. En ambos casos uno tiene en mente sólo el vehículo, aunque se use el nombre del objetivo (decir "fiesta" y pensar "jolgorio"; decir "comunión" y pensar

---

[18] *Códice Florentino*, fol. 15r-v, *Códice Matritense de la Real Academia de Historia*, fol. 115v-116r. Cito según Miguel León-Portilla, *Filosofía náhuatl*, México, Instituto de Investigaciones Históricas, UNAM, 1974, p. 261.

[19] Cfr. G. Radden, Z. Kövecses, "Towards a Theory of Metonymy", p. 47.

"asamblea"). Después de haber sido incorporadas a la historia de las palabras y de los conceptos, esas metonimias (en ocasiones con un valor originalmente eufemístico) a menudo tienen un efecto de disminución al lexicalizarse, como ocurre en el caso de *hacer el amor* por "tener relaciones sexuales, y *caridad* por 'limosna'".

En forma deliberada, podría ser una elección estilística usar el nombre del vehículo para denotar el objetivo. En ese caso, dependiendo de la relación real entre los miembros, el objetivo puede ser enaltecido o rebajado. El segundo caso es más frecuente, al menos en tres maneras:

1. Para hablar mal de una realidad. Por ejemplo, el Altar de los Reyes de la Catedral de México, obra maestra del barroco del siglo XVIII, fue descrito por Joaquín Fernández de Lizardi como "un acopio de leña dorada a lo antiguo y bien indecente".[20]

2. Para desviar de ella la atención. Pensemos en las famosas palabras de J. S. Bach acerca de su maestría como organista: "Todo consiste en tocar la nota justa en el momento justo, y lo demás lo hace el órgano".[21]

3. Para ajustar su importancia, *recordando su sustrato material*. Esto es muy común en los autores espirituales. Pensemos en el uso bíblico de "carne" para designar a los seres humanos.[22]

---

[20] "Sigue el diálogo entre el francés y el italiano", *El Pensador Mexicano*, tomo II, 1813, p. 17.

[21] Karl Geiringer, *I Bach. Storia di una dinastia musicale*, Milán, Rusconi, 1981, p. 205.

[22] Nótese que es posible dar énfasis y valoración en el modo de presentar un fenómeno, o bien, limitarse a describir su realidad física. Del primer caso es un buen ejemplo un pasaje de san Clemente de Alejandría que estigmatiza la gula: "Depositan y empujan deprisa y confusamente los alimentos en el vientre, como si fueran a aprovisionarse, pero no a digerirlos", *El pedagogo*, Madrid, Gredos, 1998, libro II, Cap. 1, p. 95. Ejemplo del segundo caso, que responde más directamente a la metonimia real, es el siguiente, de san Josemaría Escrivá: "La gula es un vicio feo. ¿No te da un poquito de risa y otro poquito de asco ver a esos señores graves, sentados alrededor de la mesa, serios, con aire de rito, metiendo grasas en el tubo digestivo, como si aquello fuera 'un fin'?", Josemaría Escrivá, *Camino*, núm. 679 [en línea], disponible en <http://www.escrivaobras.org/book/camino-punto-679.htm>, consultado el 17 de abril de 2020. La misma reducción de una acción humana a su sustrato material se ve en esta presentación de un adulterio, ofrecida a la víctima por una pariente como sugerencia de lectura de la situación para mejor manejarla: "Odenigbo has done what all men do and has inserted his penis in the first hole he could find when you were away", Chimamanda Ngozi Adichie, *Half of a Yellow Sun*, Nueva York, Anchor, 2007, p. 282.

Finalmente, acerca de los riesgos de razonar con metonimias, la conclusión de este capítulo es semejante a la del anterior, aunque con una luz diversa. Me limito por tanto a recordar que existe la posibilidad de: *a)* caer en *wishful thinking*; *b)* ser acusado falsamente de *wishful thinking*, y *c)* ver erróneamente un caso de *wishful thinking* en otra persona porque uno no fue capaz de reconocer el carácter real de una metonimia real.

Como ya dije, la *capacidad de ver* es cuestión de compartir un horizonte, y esto tiene que ver con la noción aristotélica de "buena voluntad", pero ése es otro tema, que se tocará en el siguiente capítulo.

* * *

Posterior a este texto es un artículo en el que aplico a la libertad la noción del misterio de la persona: "Biografía e identidad en Octavio Paz: la libertad ante las libertades", *Mercurio Peruano*, 2010, núm. 523, pp. 81-88.

5. El papel de la buena voluntad en la comunicación conflictiva[*]

Aunque la dimensión pragmática del diálogo es obvia para todo lingüista, voy a situar la noción de buena voluntad en su contexto pragmático traduciendo una formulación obvia en una forma clásica. "El campo semántico no cubre la entera realidad del lenguaje humano", diríamos hoy. Con los instrumentos de la retórica aristotélica, la formulación más semejante podría ser: "No puedes explicar todo con el puro *logos*: también hay *ethos* y *pathos*", es decir, los tres medios de persuasión. Desde un punto de vista retórico, "resulta necesario atender, a los efectos del discurso, no sólo a que sea demostrativo y digno de crédito (*logos*), sino también a cómo ha de presentarse uno mismo (*ethos*) y a cómo inclinará a su favor al que juzga (*pathos*)".[1] Mi atención va ahora a la noción de *ethos* o *carácter*, que según Aristóteles consiste en tres elementos:

> Tres son las causas que hacen persuasivos a los oradores, porque tres son las causas que determinan la persuasión fuera de las demostraciones [es decir, aparte del *logos*]. Estas causas

---

[*] Comunicación presentada en el congreso Cooperation and Conflict in Ingroup and Intergroup Communication, organizado por la International Association for Dialogue Analysis y la Universidad de Bucarest (Facultad de Letras, Departamento de Lingüística General y Rumana), 26-29 de mayo de 2005. Publicada como "The Role of Goodwill in Conflictive Communication", en Liliana Ionescu-Ruxandoiu (ed.), *Cooperation and Conflict in Ingroup and Intergroup Communication*, Bucarest, Editura Universitatii din Bucuresti, 2006, pp. 97-104.

[1] *Retórica*, II, 1, 1377b22-24, Madrid, Gredos, 1994.

son la sensatez [*phronesis*], la virtud [*areté*] y la benevolencia
o buena voluntad [*eunoia*].[2]

Este orden es relevante en el texto de Aristóteles porque, en efecto, él explica así los casos en que "los oradores caen en el error en lo que dicen o sobre lo que dan consejo": a veces se debe a una falta de sentido común; otras veces se trata de una opinión correcta, sólo que la maldad moral es un obstáculo entre lo que piensan y lo que dicen; "o bien son sensatos y honrados, pero no benevolentes".[3]

5.1. Buena voluntad y amistad

En la *Retórica* de Aristóteles, la buena voluntad –como el entero *ethos* y los tres medios de persuasión– es la del hablante (el orador, el rétor). Aquí me voy a ocupar de la buena voluntad como cualidad que es propia también del oyente. En el pasado he propuesto esta versión receptiva de la buena voluntad como "querer entender". En otras palabras, este *querer entender* es necesario para *entender*, que es entender a alguien, lo cual exige compartir un horizonte. Sin embargo, mi interés radica en las dos versiones de buena voluntad, la del hablante y la del interlocutor.

¿Qué es esta buena voluntad receptiva, este "querer entender"? ¿Qué significa "compartir un horizonte"? Pienso que lo mejor es seguir a Aristóteles en la relación que establece entre buena voluntad y amistad. Tras ordenar los campos de consideración relativos al sentido común y al carácter moral, afirma: "En cuanto a la benevolencia y la amistad, hablaremos dentro del tema de las pasiones".[4]

Este análisis no sigue lo que podríamos llamar un "modelo puramente cognitivo de un *diálogo bien conducido*", pero no por la introducción

---

2 *Ibid.*, II, 1, 1378a6-8. Aquí y en las citas siguientes ajusto ligeramente el texto teniendo a la vista la versión italiana de Marco Dorati, la inglesa de W. Rhys Roberts y la española de Patricio de Azcárate.

3 *Ibid.*, II, 1, 1378a12.

4 *Ibid.*, II, 1, 1378a18.

de la voluntad: este modelo había sido roto mucho antes, cuando se declaró que en la argumentación el *logos* no lo es todo. Esto no quita que la introducción de la amistad sea un punto particularmente alejado de ese "modelo puramente cognitivo". El tratamiento aristotélico de la amistad, especialmente en la *Retórica* y en la *Ética a Nicómaco*, es realmente hermoso, conmovedor, profundo, pero parece "excesivo" si se presenta como requisito del diálogo. Hermoso, conmovedor, sí: fácilmente nos reconocemos en muchas, si no es que todas esas páginas. "Sin amigos nadie escogería vivir, aunque tuviera todos los bienes restantes", escribe por ejemplo.[5] Temas que entran en su tratamiento son: el amor, la unanimidad, la semejanza; el objeto del amor, el amor de sí mismo, el amor mutuo; amistad y amor, amistad y felicidad, amistad y justicia, amistad y camaradería; qué es el bien humano, cuál es la capacidad humana de tener muchos amigos.

Veamos algunas definiciones de amigo y amistad de la *Ética a Nicómaco* (libros VIII y IX). "Se considera como amigo (1) a quien quiere y hace por causa del amigo lo que es bueno o que parece serlo, o (2) al que quiere que su amigo exista y viva por su propio bien [...]. Otros por su parte consideran que el amigo es (3) el que pasa la vida con su amigo y (4) tiene los mismos gustos que él, o que (5) se contrista y regocija con su amigo".[6]

Después de estas definiciones, Aristóteles expone las características que concurren "en el varón justo en sus relaciones consigo mismo",[7] y concluye que *uno siente eso* por un amigo, pasando por una breve y decisiva premisa: "El amigo es otro yo".[8]

Si tenemos que resolver situaciones conflictivas, y tomamos el consejo de Aristóteles acerca del *ethos*, es decir, la buena voluntad y su relación con la amistad, nos encontraremos con esa admirable concepción que acabo de resumir. Si el conflicto tiene lugar en el contexto de relaciones interpersonales, es decir, si estamos hablando de roces entre amigos, parientes, personas casadas, probablemente daremos en el blanco.

---

[5] *Ética a Nicómaco*, VIII, 1, 1155a5-6.

[6] *Ibid.*, IX, 4, 1166a3-8.

[7] *Ibid.*, IX, 4, 1166a30.

[8] *Ibid.*, IX, 4, 1166a32.

No será tan claro si se trata de relaciones menos personales, como las que se dan en negociaciones comerciales o políticas, o las situaciones en la calle, en el trabajo, etc., donde las relaciones son, cierto, entre dos personas, pero no lo que llamamos una relación personal. En este caso nuestra pregunta recibe una respuesta demasiado exigente, es una concepción "maximalista" de la amistad.

Hay otra exposición de Aristóteles, "minimalista", en la *Retórica*. Comienza igualmente "dura", pero poco a poco se vuelve aplicable a un ámbito más amplio de situaciones. Leemos: "Sea pues amor [*philein*] la voluntad de querer para alguien lo que se piensa que es bueno –por causa suya y no por uno mismo–, así como ponerlo en práctica hasta donde alcance la capacidad para ello".[9]

El texto continúa: "Es amigo el que ama y es, a su vez, amado. Y también se consideran amigos los que creen estar mutuamente en esta disposición". Nótese la extremada mesura de estas palabras. La primera definición que hemos citado de la *Ética a Nicómaco* decía que un amigo es "el que quiere y hace el bien *o lo que parece bien*". En la *Retórica*, Aristóteles es aún más insistente: "Querer para alguien *lo que se piensa que es bueno*"; "*se consideran* amigos los que *creen estar* mutuamente en esta disposición".

5.2. Hacia una noción más amplia de amistad

Viene entonces una especie de corolario: "Puestas estas bases, es necesario que sea amigo quien se alegra con los bienes del otro y se entristece con sus penas, no por ninguna otra razón sino por el amigo mismo".[10] Es como un criterio para reconocer la noción previa, que es todavía una noción dura de amistad. Pero ahora viene una nueva definición, que en cierto sentido parece ser equipolente a la primera, pero que abre la noción a interpretaciones más amplias, es como una bisagra entre la noción

---

[9] *Retórica*, II, 4, 1380b37-1381a1.
[10] *Ibid.*, II, 4, 1381a3-5.

maximalista de amistad y la minimalista: "Son amigos aquellos que tienen por buenas o malas las mismas cosas". El desarrollo de la nueva formulación llega inmediatamente: "Y [tienen] por amigos y enemigos a las mismas personas"; y más adelante: "Y también [tenemos por amigos] a los amigos de nuestros amigos y a los que aman a los que amamos; a los que son amados por quienes nosotros amamos; y a los que tienen los mismos enemigos que nosotros, a los que odian a quienes nosotros odiamos y a los que son odiados por los que a nosotros nos odian".

La idea de que el amigo de mi amigo es mi amigo no encaja bien con la noción maximalista de amistad. Nos lleva a llamar amigos a personas con quienes tenemos una relación superficial o ni siquiera conocemos, y lleva también a una multiplicación de amigos que no concuerda con el bajo número de amigos postulado por Aristóteles.[11] Este sentido amplio de amistad, por ejemplo, es el que permite llamar *amigos* a todos los colegas en el contexto de un congreso.

Casi todo lo que sigue en el texto de Aristóteles es una especie de lista de cosas que la gente considera buenas o malas; en otras palabras, cosas que la gente ama o odia, como se puede ver en el apéndice (5.6.1).

El otro texto del apéndice (5.6.2) es la descripción de la buena voluntad que hace en la *Ética a Nicómaco* (IX, 5), que resumo en los siguientes puntos:

- la buena voluntad es semejante, pero no idéntica a la amistad;

- es un tipo de relación amistosa, pero no un sentimiento amistoso: no supone intensidad o deseo, ni intimidad;

  - es como lo que se siente ante los luchadores en una palestra: a ellos "se aficionan los espectadores y desean con ellos su triunfo, pero no por eso se ponen a ayudarles";

---

[11] Cfr. *Ética a Nicómaco*, IX, 10.

- • "La benevolencia es algo así como el principio de la amistad, como del amor lo es el placer de la vista";

- – la buena voluntad es a la amistad como la vista al amor: "Nadie ama sin haber recibido previamente placer del aspecto del amado, lo cual no quiere decir que ame ya por la sola complacencia en la figura del otro, sino sólo cuando añora al ausente y suspira por su presencia".

5.3. La buena voluntad dentro de la amistad

¿Cuál es la presencia y el papel de la amistad y la buena voluntad en la *Retórica* y en la *Ética a Nicómaco*? En la *Retórica*, Aristóteles ilustra la noción de buena voluntad a través de notas que hacen pensar en una noción amplia de amistad. En la *Ética a Nicómaco* explica una noción más restringida de amistad, pero dedica un capítulo entero a la noción de buena voluntad. El sentido amplio de amistad en *Retórica* II, 4 es, desde un punto de vista práctico, una descripción de la buena voluntad.

Si la buena voluntad es el principio (*arché*) de la amistad, ¿es relevante la buena voluntad cuando existe una plena amistad (amor, camaradería, intimidad, parentela)? La amistad, ¿no vuelve irrelevante la buena voluntad? Pienso que no. Me parece obvio que entre grandes amigos, entre enamorados, etc., puede haber o faltar la buena voluntad (o momentos, o aspectos de buena voluntad). Evidentemente, en estas relaciones los recursos para resolver conflictos son más poderosos, debido a la identificación más profunda que se da, pero al mismo tiempo, como la meta es más alta y más rica, la necesidad de buena voluntad es más exigente en un nivel superior.

Como el motor más poderoso para suscitar la buena voluntad del interlocutor es mostrar la propia, una estrategia paralela a la sincera búsqueda del horizonte común por parte del hablante es la de realizar un gesto que suela ser reconocido como señal de buena voluntad, por ejemplo, alguno de los señalados en el apéndice (5.6.1).

5.4. Algunos ejemplos

Es muy difícil ejemplificar con textos la buena voluntad. Hay que suponer intenciones, o seguir un largo proceso para justificar la interpretación de las palabras de una conversación. Por eso voy a usar ejemplos literarios, que tomo de la novela de Chaim Potok, *My Name is Asher Lev*.

Asher tiene el don del dibujo y la pintura desde su infancia. Su padre Aryeh, debido a su modo de entender lo que significa la seriedad, no aprecia su talento. El significado de las imágenes en una sensibilidad hebrea juega también un papel importante, pero esto no lo consideraremos aquí.

"Esa noche, mientras mi padre me ayudaba a quitarme la ropa, dijo con voz serena: 'Deseo que no pases todo tu tiempo jugando con lápices y pasteles, Asher'. 'No es un juego, papá. Es dibujar'. 'Deseo que no estés todo el tiempo dibujando', dijo mi padre".[12]

No se puede dudar del amor del padre por su hijo ni del de éste por su padre. Hay buena voluntad en la respuesta del padre: "*I wish you wouldn't spend all your time drawing*". No insiste en llamar *juego* la actividad de Asher, y esto significa un recurso para compartir un horizonte.

Sin embargo, la relación se vuelve poco a poco más tensa y el padre llama *tontería* (*foolishness*) a la actividad de su hijo. El término tenía en su boca un notable poder de disminución. Por ejemplo, cuando tiene fiebre y su mujer trata de evitar que vaya al trabajo, "'Rivkeh, esto es una tontería', dijo. 'La fiebre nunca es una tontería', respondió mi madre. 'Es una tontería. El lunes tengo que estar en Washington'".[13] La palabra es significativa para Asher, pues añade a su narración: "La charla acerca de la tontería apenas repercutió dentro de mí, como si antes la hubiera escuchado. Pero no podía recordar". Esto es relevante para entender el siguiente diálogo, que tiene lugar más adelante.

> "Espero que dejes de dibujar. Estamos hartos de esta tontería". "Aryeh", dijo mi madre. "Aryeh, Aryeh", repitió mi pa-

---

[12] Chaim Potok, *Mi nombre es Asher Lev*, Madrid, Encuentro, 2008, p. 60.
[13] *Ibid.*, p. 126.

dre. "¿Por qué me nombras tanto, Rivkeh? ¿Cómo se puede concebir que mi hijo esté todo el tiempo dibujando en vez de aprender y estudiar? ¿Cómo se puede concebir?" "Deja de llamarlo tontería", dije. Lentamente se dieron la vuelta para mirarme. "Por favor, papá, nunca más lo llames tontería", insistí. Me miraban detenidamente y permanecían muy quietos. La cara de mi padre se estaba poniendo rígida. Lo vi tragar saliva. La cara de mi madre empalidecía. "Una tontería es algo que es estúpido. Una tontería es algo que una persona no debe hacer. Una tontería es algo que hace daño a los demás. Una tontería es una pérdida de tiempo. Por favor, papá, nunca más lo vuelvas a llamar una tontería".[14]

Semejante reproche será considerado irrespetuoso (sin consecuencias que lamentar), pero en esencia es un intento de encontrar un lenguaje común, lo cual significa compartir un horizonte.

Debo subrayar una vez más que el padre ama a Asher, tiene una buena voluntad general con respecto a él, pero su voluntad de entender podría ser, en efecto, demasiado general.

"Asher, sé que no deseas que tengamos problemas. No te estoy acusando, Dios no lo permita, de ser un perverso. Pero hay algo dentro de ti que yo no comprendo. Esto traerá problemas. Piensa en los problemas que ya ha traído. No sé lo que eres. Ignoro lo que eres aun siendo mi propio hijo. Estoy avergonzado de mi propio hijo." "Aryeh", dijo mi madre en voz muy suave. Estaba a punto de llorar.[15]

La escasa voluntad de entender del padre parece confirmada por lo que dice el rabino:

"Una vida debe ser vivida por el amor al cielo. Un hombre no es mejor que otro porque es un doctor y el otro un zapatero. Un hombre no es mejor que otro porque uno sea abogado y el otro pintor. Una vida se mide por el amor a Dios. ¿Me comprendes, Asher Lev?" "Sí, rabino". "Pero están los que no en-

---

[14] *Ibid.*, p. 211.

[15] *Ibid.*, p. 311.

tienden esto". Permanecía tranquilo. "Están los que te aman y los que amas y no aceptan esto. Asher, honrar a tu padre es uno de los diez mandamientos".[16]

La madre de Asher muestra más voluntad de entender, a veces de modo doloroso. Ella dice de vez en cuando: "No sé qué hacer contigo".[17] Acompaña a su hijo a visitar el Parkway Museum de Brooklyn, luchando con su propia sensibilidad, por diversos motivos, ante los desnudos femeninos y ante las representaciones de la pasión de Jesús.[18] Poco después tiene lugar el siguiente diálogo: "'Asher, ¿irías al museo si yo te pidiera que no vayas?' No le dije nada. 'Asher'. 'No lo sé, mamá. Por favor, no me pidas que no vaya'. La escuché suspirar. 'Espero saber qué debo hacer', dijo".[19]

Todas estas citas vienen de la primera mitad de la novela. No cito más, pues de lo contrario arruinaría su lectura.

5.5. Observaciones finales

Aristóteles concibe la buena voluntad como parte del carácter del hablante: tener buenas disposiciones con respecto a su interlocutor. Aquí yo propongo considerar la buena voluntad también como cualidad del interlocutor. En ambos casos su esencia –y por ende el modo de reconocerla– es *querer entender*. Tal entendimiento implica *compartir un horizonte*. El esfuerzo de conseguir una buena voluntad se vuelve concreto y es reconocido en el intento de ver las mismas cosas como buenas o malas, lo cual es una de las definiciones que Aristóteles ofrece de amistad.

Por tanto, cuando una relación que se enfrenta con un conflicto no puede ser llamada amistad, la solución está en una aproximación a la relación de amistad, que tiene en Aristóteles varios niveles de participación, de modo que no significa necesariamente intimidad. Cuando el conflicto

---

[16] *Ibid.*, p. 303.

[17] *Ibid.*, p. 260.

[18] Cfr. *ibid.*, p. 265 y ss.

[19] *Ibid.*, p. 273.

ocurre en una relación estrecha, la buena voluntad puede parecer irrelevante, pues uno la da por descontada. Hay, en efecto, una buena voluntad general hacia el interlocutor, que, sin embargo, puede faltar para esa situación específica, y en ese caso se vuelve relevante preguntarse por la voluntad de entender y por la propia voluntad de encontrar un horizonte que se pueda compartir.

5.6. Apéndice

5.6.1. Una lectura en diagonal de *Retórica* (II, 4): lo que a la gente le gusta de otras personas

Se ama "a quienes son capaces de proporcionarnos algún beneficio, [...] razón esta por la que se tiene en tanta estima a los que son liberales, a los valientes y a los justos". Se ama a "los que no viven a expensas de los demás, o sea, los que viven de su trabajo". Se ama a "los moderados, porque no son injustos y a los pacíficos por la misma razón. Como también a los que queremos tener por amigos con sólo que parezca que ellos lo quieren". Se ama "a aquellos que nos deleitan con su trato y compañía", "y no son amigos de disputas o pendencieros", "así como a los que tienen tacto lo mismo para hacer chistes que para aguantarlos, ya que en ambos casos se produce con ellos una rápida camaradería, por ser, como son, capaces de admitir una broma y de gastarla de un modo conveniente. También [se ama] a los que elogian las cosas buenas que uno tiene, sobre todo [si] entre ellas [hay] algunas que uno teme no tener" [1382b]. También se ama "a los que están en una disposición de interés hacia nosotros, por ejemplo, manifestándonos su admiración, considerándonos virtuosos, disfrutando de nuestra compañía", y también "a nuestros iguales y a los que tienen nuestra misma ocupación, siempre que no nos entorpezcan ni se ganen la vida con lo mismo que nosotros". "En general, [se ama] a los que son muy amigos de sus amigos y no los abandonan en las dificultades; porque, en efecto, de entre los hombres buenos amamos sobre todo a los que son buenos en la amistad". "También [se ama], en fin, a quienes no nos causan miedo y a quienes nos inspiran confianza, porque nadie ama a aquél que teme".

"En cuanto a las causas que producen la amistad son el favor, el hacerlo sin necesidad de que se ruegue y el no hacer patente que se ha hecho, porque así queda claro que se hace por causa de uno mismo y no por cualquier otra razón."

5.6.2. De *Ética a Nicómaco* (IX, 5): qué es buena voluntad o benevolencia

La benevolencia ofrece semejanzas con el sentimiento amistoso, pero no es, con todo, la amistad. Puede, en efecto, tenerse buena voluntad a los que no son conocidos sin que ellos lo sepan, cosa que no pasa con la amistad, como se dijo antes. Mas ni siquiera es la benevolencia una afección, porque no implica intensidad ni deseo, cosas ambas concomitantes a la afección. A más de esto, la afección implica intimidad, mientras que la benevolencia puede surgir súbitamente, como con respecto a los luchadores en una palestra, [1167a] a los cuales se aficionan los espectadores y desean con ellos su triunfo, pero no por eso se ponen a ayudarles, porque, como hemos dicho, la benevolencia nace repentinamente y no es sino un afecto superficial.

La benevolencia, de consiguiente, es algo así como el principio de la amistad, como del amor lo es el placer de la vista. Nadie ama sin haber recibido previamente placer del aspecto del amado, lo cual no quiere decir que ame ya por la sola complacencia en la figura del otro, sino sólo cuando añora al ausente y suspira por su presencia. Así pues, no es posible que sean amigos quienes no han llegado a tenerse benevolencia mutua, pero no por esto los que se tienen buena voluntad se quieren ya entre sí. A lo que se limitan es a desear bienes a aquellos que son objeto de su benevolencia; pero no estarían dispuestos a ayudarles, ni se tomarían por ellos ninguna molestia. Y así, por una extensión del término, podría decirse que la benevolencia es una amistad inoperante; pero cuando persevera y llega al punto de intimidad, conviértese en amistad, aunque no en amistad por utilidad ni por placer, pues por estos motivos no hay ni siquiera benevolencia. Ciertamente el que ha recibido un beneficio corresponde con benevolencia al bien que se le ha hecho, pero procediendo así, apenas hace lo que es justo. Y en cuanto al que desea que alguien prospere por la esperanza que tiene de enriquecerse por su mediación, no parece que sea benévolo con él, sino más bien consigo mismo, como tampoco es uno amigo de otro si le prodiga atenciones con la mira de algún provecho. En general, la benevolencia nace por alguna perfección o bondad, cuando alguno se muestra a otro bello, valiente o algo semejante, como hemos dicho a propósito de los atletas.

* * *

En este artículo desarrollo un aspecto más del papel de la buena voluntad en la comprensión recíproca: "Taking Care of Others' image: when the other is beyond a border", *Rhetoric and Communications*, 2018, núm. 33 [en línea], disponible en <http://rhetoric.bg/rafael-jimenez-catano-taking-care-of-the-others-image-when-the-other-is-beyond-a-border>, consultado el 17 de abril de 2020.

6. El valor unitivo de la distancia en el diálogo[*]

Es bien conocido que una estrategia central en el diálogo –personal, político, intercultural, interreligioso– es la de enfocar lo que une a las partes y apoyarse ahí. Cuando se dice que una persona está bien dotada para el diálogo, se piensa principalmente en la capacidad de "tender puentes", de encontrar elementos comunes en la maraña de diferencias que con frecuencia son lo más visible. Una virtud del buen mediador suele ser la de absorber esos contrastes haciendo que los interlocutores tomen contacto en los puntos verdaderamente relevantes, sin la interferencia de cuestiones secundarias que pugnan por ponerse en primer plano.

Todo esto es verdad y su eficacia está fuera de dudas, con tal de que no sea llevado al extremo de creer que todo el diálogo está allí. Para que exista un diálogo tiene que haber unión, los interlocutores deben tomar parte de una misma conversación, y precisamente por eso es necesario que haya diferencia, pues de lo contrario no hay unión de una pluralidad sino unidad de lo uno. Tan evidente es la necesidad de que los interlocutores de verdad sean dos –o más– y no uno, que enunciarla suena a bobada; quizá por eso se olvida con facilidad. Y es esto lo que hace necesaria una educación al diálogo, que corrija y potencie nuestras aptitudes naturales de comunicación en el contexto de toda la persona. En la mayor parte de los

* Publicado originalmente en *El quehacer filosófico en la pedagogía*, editado por Claudia García Parada, Aguascalientes, Universidad Bonaterra/Instituto de Educación de Aguascalientes, 2001, pp. 75-90.

casos, el olvido de la diferencia entre los interlocutores no genera problemas de consideración, ya que la realidad de la diferencia está ahí, sin peligro de que desaparezca. El problema surge cuando, al reflexionar sobre el mecanismo del diálogo, todos nuestros esfuerzos se dirigen al elemento común.

6.1. Mitos de la concordia

Al decir que en la mayor parte de los casos el problema no se presenta, me refiero a la infinidad de encuentros personales, de negociaciones menudas, de coloquios familiares y profesionales tan ordinarios que el interlocutor no piensa explícitamente que está llevando a cabo un diálogo. Entran también aquí casos más solemnes, donde a la conciencia de las dificultades de un entendimiento se añade un ánimo beligerante. Ahí no se perderá nunca de vista que uno es distinto del contrincante, y, si por un imposible lo olvidara, el contrincante mismo se lo recordará.

La distancia puede pasar peligrosamente a un segundo plano con la presencia de una versión hipertrofiada de "buena voluntad", cosa que puede suceder en el diálogo mismo o en la reflexión sobre diálogos ajenos. Una vez oí sentenciar sobre el conflicto entre judíos y palestinos: "Es cuestión de que hablen y se pongan de acuerdo". No lo pongo en duda, pero eso es como decir que para tener una vida longeva todo es cuestión de no morirse pronto. El peligro real de ser ingenuo en el propio diálogo se da sobre todo cuando se participa de un mismo ideal, plenamente positivo y altruista, de modo que lo que une es reconocido por todos, se puede enunciar con toda claridad y no constituye una circunstancia, sino la esencia misma de lo que define a cada parte. Estas características se dan de modo paradigmático en el diálogo interreligioso y, más aún, en el intrarreligioso, como es el caso de las diversas confesiones cristianas. Y se da, por supuesto, en infinidad de relaciones interpersonales basadas en el amor y la amistad. Los ámbitos políticos y mercantiles son ordinariamente inmunes a este peligro, no así los culturales, a menos que intervengan intereses políticos o mercantiles, es decir, siempre que se trate simplemente de celebrar un encuentro entre pueblos.

Recordar la diferencia no es un simple llamado al realismo. Se trata más bien de caer en la cuenta de que la diferencia construye el encuentro no menos que la unidad. El diálogo no es una victoria de la unidad sobre la diversidad, sino la construcción de una unidad por medio de la aportación de las partes, que son diversas. A propósito de las diferencias entre las lenguas, Octavio Paz se oponía a los pesimismos que postulan la incomunicación, y ponía esas diferencias no sólo como algo superable, sino como parte de lo que nos interesa al entablar un diálogo:

> Aunque no niego que nuestras maneras de ser y de pensar están determinadas en buena parte por nuestra manera de hablar, creo que las lenguas, más que prisiones, son ventanas: desde ellas y por ellas podemos ver y hablar con otros hombres y otras civilizaciones. Son puentes que cruzamos sin cesar: quien dice lengua dice traducción.[1]

Mientras nosotros nos ocupamos de analizar las dificultades en la comunicación humana, la humanidad continúa adelante realizando victorias concretas en ámbitos de comunicación difícil. Estas victorias son extremadamente ordinarias, aunque su grado de dificultad es de los más elevados. Hay encuentros exóticos que pueden cautivar nuestra fantasía. Uno de los más extraordinarios de la historia es sin duda el de Cortés y Moctezuma en el siglo XVI, pero yo no lo creo mucho más arduo que el entendimiento de un hombre y una mujer, o el del progenitor y el hijo que aún no habla, con la interesante circunstancia de que sobre tales entendimientos se apoya la sociedad humana y la supervivencia misma de nuestra especie. Sin embargo, seguiremos maravillándonos más de los casos extraordinarios, del mismo modo que nos admiramos más ante la lucha y la victoria sobre una enfermedad mortal que ante la cotidiana supervivencia

---

[1] Octavio Paz, "Ollin Yoliztli", en *Sombras de obras,* p. 305.

a la nutrición: a esa intoxicación que, según Juan José Arreola, es intrínseca a toda asunción de alimento.[2]

Sergei Averintsev veía en ciertas prescripciones que están en la base de nuestra sociedad el signo de nuestra condición.[3] El ser humano debe salir de sí hacia el otro, uno que es no sólo numérica sino cualitativamente otro. ¿Por qué la empresa más delicada de la vida de una persona y de la sociedad se ha de fundar sobre una alianza tan problemática como la del hombre y la mujer? Chesterton afirmaba –lo cita Averintsev[4]– que, según los criterios masculinos, toda mujer está loca, y según los criterios femeninos, todo varón es un monstruo. No hay país ni fundación que aceptara financiar un proyecto tan erizado de riesgos, y he aquí que se cuentan por milenios los resultados del proyecto. Y no termina aquí todo, pues, como si fuera poco el engorro de tenernos que entender hombres y mujeres, se nos impide establecer esa alianza dentro de la propia familia, donde el significado de palabras y gestos al menos ya era conocido: los niños seguirán diciendo que no hay quien entienda a las niñas, pero con las hermanas ya hay algo a qué atenerse, por poco que sea. También aquí la lección de la historia es otra. Por todo esto Averintsev llega a exclamar:

> No permita Dios que el muchacho se meta en la cabeza la
> idea de buscar a "la mujer de sus sueños". Es muy probable

---

[2] "Uno, al comer, se envenena, se intoxica, aunque se ingieran alimentos sanos y nutritivos. El cuerpo elimina los tóxicos, para decirlo en una frase, a base de hígado y sangre", *Memoria y olvido. Vida de Juan José Arreola [1920-1947] contada a Fernando del Paso*, México, Conaculta, 1994, p. 59. La misma idea aparecía en una de esas joyas que componen su bestiario: "Después de varias semanas, la boa victoriosa, que ha sobrevivido a una larga serie de intoxicaciones, abandona los últimos recuerdos del conejo bajo la forma de pequeñas astillas de hueso laboriosamente pulimentadas", "La boa", en *Bestiario*, México, Joaquín Mortiz, 1972, p. 28.

[3] Cfr. "Note sul concetto cristiano di famiglia", en Sergei S. Averincev, Marko Ivan Rupnik, *Adamo e il suo costato*, Roma, Lipa, 1996, pp. 60-66.

[4] No he dado con este texto ni acudiendo a especialistas. Con todo, mis pesquisas me llevaron a estas líneas excelentes: "If Americans can be divorced for 'incompatibility of temper' I cannot conceive why they are not all divorced. I have known many happy marriages, but never a compatible one. The whole aim of marriage is to fight through and survive the instant when incompatibility becomes unquestionable. For a man and a woman, as such, are incompatible", *What's wrong With the World*, en *The collected works of G.K. Chesterton*, Vol. 4, San Francisco, Ignatius Press, 1987, p. 70.

que precisamente aquélla que podría ser para él la alegría y la salvación se parezca poco a ese fantasma, mientras que otra, al contrario, con una semejanza engañosa, lo llevaría por un camino errado.[5]

Como a Julio Hubard, con frecuencia me incomoda la volatilidad de la noción de otro y de otredad.[6] Él recuerda la analogía con que desde nuestra conciencia suponemos que hay otras conciencias semejantes a la nuestra, y luego nos dirige una invitación. "Recurramos a la tradición: esto se llama 'imagen y semejanza', y cada ejemplar de aquellos que comparten imagen y semejanza se llama prójimo. Decir *otro* donde va *prójimo* es perder, en una abstracción o sustracción, mi posibilidad analógica de sentido".[7] Me siento en sintonía con esta observación aunque –sin pretender que esto sea una respuesta a tan atinado ensayo– siento igualmente que me sigue haciendo falta el otro y la otredad. No me creo cercano a los peligros contra los que Hubard nos previene, porque soy particularmente alérgico a las versiones extensionales de nociones de contenido bien sustancioso.[8] Así, puedo decir que veo subrayado en el *otro* un aspecto diverso del que sobresale en el *prójimo*, y precisamente el extremo opuesto. En el *otro* enfoco la diferencia, sin que eso suponga negar todo rasgo común; en el *prójimo*, sin negar distancias, resalto su cercanía, pues por algo esta palabra es, filológicamente, la versión vulgar del término culto "próximo". En otras lenguas modernas el término es el mismo, y permite juegos de palabras que en español ni se nos ocurren. Un líder francés de un partido poco amigo de los extranjeros arguyó en cierta ocasión que a él le habían mandado amar al próximo (*prochain*), no al lejano. (Entre las patologías de la caridad

---

5 Averincev, "Note...", p. 63.

6 Cfr. Julio Hubard, "Divagación contra lo otro", *Letras Libres*, 1999, núm. 12, pp. 36-39.

7 *Ibid.*, p. 39.

8 Me limito a dos ejemplos. El primero es la tendencia a interpretar la facilidad (facultad, potencia) como probabilidad. Decir entonces que es difícil terminar los estudios universitarios parece cuestión de entrar, por suerte, en un porcentaje, no cuestión de poner el esfuerzo suficiente. El segundo ejemplo es la interpretación de la creatividad artística en términos de hallazgo de nuevas combinatorias. Una obra original ofrecerá siempre una nueva combinatoria de elementos, pero su creación no habrá consistido en encontrarla.

es más frecuente el esquema contrario: declarar amor de prójimos por los chinos y los africanos –residentes en China y África, respectivamente– y no soportar al pariente ni al vecino.) A la hora de hablar del *otro*, yo quisiera siempre referirme a un *prójimo*, en el que estoy subrayando que hay algo que lo hace *lejano*, no igual, no congénere: es de otra edad, de otra familia, de otro sexo, de otros gustos, de otro país, de otra lengua, de otra religión... O simplemente: es otro, no es yo mismo.

6.2. Las trampas de la teoría

La otredad la llevamos en lo más íntimo de nuestro ser y nos movemos bastante bien con ella. Es más problemática en la reflexión especulativa que en la vida misma. Por eso mismo, el fracaso existencial parece ser menos frecuente, aunque más grave, que el fracaso en el análisis del éxito y el fracaso. Al hombre le resulta más connatural la inasibilidad del misterio que la claridad del análisis, por mucho que siga creyendo que experimenta mejor su propia humanidad en el pensamiento discursivo. Esta creencia nos lleva frecuentemente a confundir las dificultades del análisis con las de la realidad misma y, en casos extremos, ha hecho declarar imposible lo que está sucediendo todos los días en el mundo entero. En el amplísimo campo de disciplinas que, por calificar de algún modo, podríamos denominar lingüístico-comunicativas, se ha negado cada vez más, precisamente, la posibilidad de la comunicación. Es interesante que en este mismo ambiente haya surgido en tiempos relativamente recientes el llamado *Conversation Analysis*,[9] que parte del hecho comunicativo e intenta explicar lo que en la vida real nos decimos, sin eliminar como "escorias lingüísticas" lo que no entra en un esquema interpretativo previamente elegido.

---

[9] Harvey Sacks comenzó esta línea de estudio a fines de los años sesenta con análisis de conversaciones telefónicas. La publicación que se suele considerar pionera en este campo es Harvey Sacks, Emanuel Schegloff, Gail Jefferson, "A Simplest Systematics for the Organization of Turn-Taking for Conversation", *Language.* 1974, 50(4): 696-735.

> Lo que siempre me ha fascinado del *Conversation Analysis* –escribe Michela Cortini, psicóloga de la comunicación– es la hipótesis de Sacks según la cual todo lo que sucede en una conversación tiene un significado preciso; la pregunta "¿y ahora por qué esto?" introduce una convicción que da significado a cada acto de la conversación [...]: nada sucede por accidente.[10]

Dentro de la grande familia de argumentos por analogía[11] existe un punto en el que se dibuja con notable claridad lo específico de la índole personal de los dialogantes. Simplificando (porque no es relevante aquí toda la tipología de argumentos por semejanza), el esquema argumentativo consiste en individuar una posición aceptada y, acto seguido, presentar lo que se quiere defender indicando que es *lo mismo*. Cuando realmente no es lo mismo, entonces el razonamiento es falaz,[12] pero admite variadísimos usos válidos y suele gozar de una fuerza enorme. Al muchacho que, para conseguir un permiso, apela a algo que hizo su padre diciendo que es lo mismo, quizá se le replica que no es lo mismo (porque su padre es mayor y él no, porque su padre goza de autonomía económica y él no, etc.). Con frecuencia una discusión termina por concentrarse en el análisis del punto que, según uno, es lo mismo y, según el otro, no. Dirimir esta cuestión se puede volver fastidiosamente arduo.[13]

Ahora bien, quisiera referir un caso particular en el que se afirma o se niega que alguien sabe algo, habiendo sentidos de "saber" que justifican ambas posiciones. Un hijo único, ¿puede saber qué es tener hermanos? Hay muchos modos de saberlo. Por ejemplo, puede tener amigos con

---

[10] Michela Cortini, "Rhetoric on Sale", *Tópicos*, 1999, 17(1): 14.

[11] Perelman los distribuye como argumentos de comparación y razonamientos por analogía, con ulteriores subdivisiones. Chaïm Perelman, Lucie Olbrechts-Tyteca, *Tratado de la argumentación: la nueva retórica*, pp. 375-383, 569-626.

[12] Tampoco aquí me quiero entretener. Podemos decir que se trata de la falacia de falsa analogía, pero bien puede entrar en la *figura dictionis* o en la falacia de accidente. (Se trata de clasificaciones diversas, por lo que la falacia puede entrar en varias clases simultáneamente.)

[13] Un buen ejemplo de largo diálogo basado sustancialmente en la afirmación y la negación de *lo mismo* se puede ver en Guillermo Sheridan, *Lugar a dudas*, México, Tusquets, 2000, pp. 190-193, citado en el capítulo 3 de la segunda parte de este volumen, "Una tópica entre *ethos* y *logos*".

hermanos, y si él después tiene varios hijos, lo sabrá de un modo aún más directo. ¿Y cuánto conocimiento auténtico de la vida lo debemos a la literatura y otras artes? Pensemos que, en un diálogo sobre asuntos familiares, todo va sobre ruedas para el hijo único hasta que, de pronto, su interlocutor se encuentra acorralado y le espeta: "A fin de cuentas, tú no sabes lo que es tener hermanos".

Decía que este esquema argumentativo puede ser muy poderoso: para refutar, cuando negamos que alguien tenga una experiencia personal; para afirmar, cuando se la reconocemos, o bien, cuando le reconocemos un conocimiento aún sin poseer la experiencia personal correspondiente. Pero al mismo tiempo es un recurso fácil, se puede adulterar incluso sin darnos cuenta, como reacción espontánea. Recuerdo una discusión en la que una joven, que deploraba una intervención de un amigo con su esposo, le decía algo así como "si ni siquiera sabes qué es el amor de marido y mujer" (pues el amigo era soltero). Más tarde, recuperada la serenidad, reconoció: "Perdona, no es verdad que tú no sepas qué es el amor de marido y mujer".

Para la adulteración del argumento siempre habrá una nueva alteridad en la que apoyarse para decir que "no es lo mismo". Si mi interlocutor no es hijo único, le digo: "A fin de cuentas, tú no sabes qué es tener *mis* hermanos y *mis* hermanas". Y así, hasta el extremo: "Tú no sabes lo que es ser hombre, lo que es ser mujer, ser joven, ser anciano, extranjero, culto, ignorante...". Al empecinado aún le quedará como última instancia: "Pues ultimadamente, tú no sabes lo que es ser yo...".

Argumentar correctamente en un punto tan delicado de la alteridad requiere una buena dosis de sentido común y de buena voluntad. En una polémica, la obcecación llevará el diálogo a un punto muerto. Pero el peligro no está sólo en los encuentros beligerantes. También una conversación amistosa comporta un peligro, aunque de signo contrario: aceptar demasiado fácilmente, por falta de crítica, una semejanza.[14]

---

[14] Cfr. A. Cattani, *Los usos de la retórica*, pp. 40-42.

6.3. El otro es otra persona

Estamos en el punto preciso en el que las otredades se tocan, en el que se articulan lo común y lo diverso. Poco puede hacer aquí una formalización lógica sin la actuación personal de inteligencias dotadas de sabiduría. Mauricio Beuchot, al explicar la analogía, asigna a la diferencia un papel predominante, por encima del papel de la semejanza. Cuando se le objeta que la semejanza es lo que permite el contacto entre sistemas (ciencias, filosofías diversas, etc.), responde que, en efecto,

> necesitamos la analogía para dialogar con sistemas diversos al nuestro. [...] Para el cotejo de sistemas claro que interesa mucho ver las semejanzas, y no tanto las diferencias. Pero [...] después de cotejar las semejanzas, lo que predomina en los sistemas son las diferencias, ya que por eso permanecen irreductibles los unos a los otros.[15]

Algo semejante sucede en todo diálogo. Si no hay un punto en el que las partes se encuentren, no hay diálogo. Pero tampoco lo hay sin algo que las diferencie. Por eso, no necesariamente es menos dialógica la declaración de las propias posiciones irrenunciables, aunque suene menos conciliante, que los momentos en los que todos los esfuerzos se concentran en la búsqueda de lo común. Es cierto que excluir algo de la negociación puede ser el ardid de la protervia, pero a idéntica exclusión puede obligar el respeto a la identidad misma de las partes, y sería una deslealtad con el interlocutor omitir a ultranza tales declaraciones.

Si pensamos en el futuro de la convivencia humana, en los actuales conflictos étnicos y los diálogos de paz que a veces nos tienen en vilo, en la necesidad de un auténtico diálogo entre los sistemas, es decir, lo que se suele llamar interdisciplinariedad, quizá pensamos en grandiosos progresos

---

[15] Mauricio Beuchot, "Respuesta", en Raúl Alcalá Campos (comp.), *Hermenéutica, analogía y significado. Discusión con Mauricio Beuchot*, México, Surge, 1999, p. 44. La referencia a los sistemas se debe al diálogo con Nicholas Rescher, principalmente de su libro *La lucha de los sistemas*, México, UNAM, 1995.

de una técnica del diálogo. Eso hace falta, sí, pero aún antes, y como base, es necesario recuperar el sentido del misterio de la persona.

Limitar el alcance de una formalización lógica no es renunciar a la racionalidad. Es evitar la tentación de reducirla a lo que Marcelo Dascal llama "*hard reason*", y Carlos Pereda "razón austera", en favor de una "*soft reason*" o "razón enfática", respectivamente.[16] La *hard reason* evita todas las formas del lenguaje figurativo, que considera una violación de sus criterios de rigor y un recurso a los factores emotivos más que a los cognoscitivos. La *soft reason*, por el contrario, reconoce el papel cognoscitivo del lenguaje figurativo y ve en él una herramienta importante para el desarrollo de conceptos flexibles y modelos necesarios en la exploración de nuevas áreas del conocimiento, para manejarse en situaciones intrínsecamente borrosas y para reconciliar posiciones conflictivas.[17] Es fácil ver qué diferente actitud crearían estos paradigmas de razón al debatir si algo es lo

---

[16] Carlos Pereda trata estas nociones en sus libros *Razón e incertidumbre*, México, Siglo XXI, 1994 y *Vértigos argumentales. Una ética de la disputa*, México, Anthropos/Universidad Autónoma Metropolitana, 1994. Por lo que se refiere a Marcelo Dascal, Cfr. "Argument, war and The Role of The Media in Conflict Management", en Tudor Parfitt y Yulia Ergorova (eds.), *Jews, Muslims, and the Mass Media: Mediating the "Other"*, Londres, Routledge Curzon, 2004, p. 241.

[17] "Let us dub 'Hard Reason' a conception of rationality that admits only the use of rigorously defined concepts, of experimentally controlled data, and of logically valid arguments. On this view, all solvable problems and disputes can be solved by strict adherence to the above requirements, which provide a decision procedure determining which side is right and which is wrong. Hard Reason also believes it is the only form of rationality deserving its name. Anything that deviates from its requirements is Non-Reason. Nevertheless, there are those who hold a conception of rationality that admits also the use of concepts that are not definable in terms of necessary and sufficient conditions, the occasional reliance upon data and propositions that are only presumably correct, the acceptability (on occasion) of arguments that are not valid according to standard logic but are pertinent, and the existence of a variety of ways of resolving controversies which do not necessarily amount to a decision procedure. Let us dub this conception of rationality 'Soft Reason'", *ibid.*, tomo la cita de la página web del autor Marcelo Dascal, PhD [en línea]. Disponible en - <http://www.tau.ac.il/humanities/philos/dascal/papers/Media%20in%20Conflict.htm>, consultado el 17 de abril de 2020.

mismo o no es lo mismo, para dirimir si uno sabe algo o no lo sabe.[18] El misterio de la persona, su relacionalidad, su intrínseco crecimiento escapan a toda formalización.

Un esquema narrativo recurrente en cierto género de historias románticas y eróticas es el de las fantasías sobre el encuentro con un desconocido con quien el protagonista se entiende perfectamente. Como fantasía no tengo nada que objetar. Es un tipo de narración como tantos otros, igual que se puede desarrollar la historia de un ciclista que coincide con otro en un sendero de montaña y se entienden a las mil maravillas a la hora de turnarse para cortar el aire. También en el campo romántico tiene un sentido y entiendo su interés. Lo que me parece sospechoso es que este tipo específico de fantasía prolifere y que, al mismo tiempo, no parezca apreciarse el sentido del proceso del enamoramiento, de la conquista de una persona. Entonces aparecen expresiones como "era un desconocido y me parecía conocerlo desde siempre", y se afirma que los propios movimientos "parecían dictados por una antigua costumbre", y que se conseguía "ese entendimiento que sólo alcanzan los viejos amantes". No me entretengo, porque sería cosa de nunca acabar, con otros casos de ausencia de un desarrollo de la persona, como, por poner un ejemplo del todo diverso, el protagonista de *El rey león*, de Disney (1994), que después de una vida relajada durante todo el período de crecimiento vuelve y vence al rival, a quien no había faltado experiencia en la vida. Habría que ver si es una renuncia a tratar la autocreación de la persona o son tan sólo restos de la mentalidad aristocrática, según la cual esas cualidades están en la sangre.[19]

---

[18] La razón enfática o *soft* no es de ningún modo una razón de segunda clase ni conduce al relativismo. Es una razón no reductiva, que sabe que el hombre no es sólo razón. Carlos Pereda, aparte de afirmar que "defender una razón enfática es la mejor defensa de la razón" (*Vértigos argumentales*, p. 320), hace una observación muy ilustrativa: "La razón austera, la razón determinada, por ser en exceso restrictiva, resulta, a la vez, irrazonablemente permisiva; fuera de los conceptos homogéneos y de los argumentos determinados, se establece el ámbito demasiado extenso de la mera interjección, del capricho. [...] Se argumenta según la 'sofística del todo o nada', esa manera de argüir que desconoce el plural y los grados, y así, todo ingenio, toda *finesse*", *ibid.*, p. 321.

[19] Recuérdese para esto *La gitanilla* de Cervantes, que, si era tan hermosa y buena y lista, se debía a que era una princesa, no una gitana.

En historias que presentan este tono, es lógico que la persona esté ausente. Y el amor también. Responden perfectamente a lo que Octavio Paz llama erotismo, diverso del amor: "Ni el concepto de alma ni el de persona y menos aún el de libertad aparecen en el erotismo".[20] No es bajo el precio. Para el tema que nos ocupa, una sociedad que, cada vez más, parece entender las relaciones humanas sólo en términos de erotismo va camino de ser el sepulcro del diálogo, porque no es capaz de entender al otro. No porque haya que enamorarse del otro para entenderlo sino porque, faltando la experiencia del amor, no sabemos ver el mundo desde una conciencia que no sea la nuestra. Paz nos da una clave de la profundidad de la persona: "El erotismo es una infinita multiplicación de cuerpos finitos; el amor es el descubrimiento de un infinito en una sola criatura".[21] La unión más íntima en absoluto reclama como ninguna otra la alteridad de las partes. ¿Cabe mejor escuela para el discernimiento de lo que es lo mismo y lo que no lo es? Técnicas, sí, pero el humus en el que pueda nacer un genio de lo interdisciplinar –aparte de una muchedumbre de ordinarios gestores– será una sociedad que posea la experiencia de ese infinito y aprecie la decisión de asumirlo.

* * *

Estos dos textos desarrollan aspectos diversos de la otredad en la relación interpersonal. El primero, en el contexto de una profundización antropológica de la pragmática linguística; el segundo, en la noción de otredad, que es bien conocida en el pensamiento de Octavio Paz, puesta en relación con la exposición que de ella hace el filósofo Emmanuel Lévinas. "Social Virtues in Taking Care of the Image of Others", *Academic Journal of Modern Philology*, 2018, núm. 7, pp. 79-87 [en línea], disponible en

---

[20] *Pasión crítica*, p. 171.

[21] "El camino de la pasión: Ramón López Velarde", en *Cuadrivio*, México, Joaquín Mortiz, 1989, p. 100.

<http://kmsi.uni.wroc.pl/upload/files/Catano.pdf>, consultado el 17 de abril de 2020; "Alteridad (Lévinas-Paz)", en Jorge Medina, Julia Urabayen (eds.), *Lévinas confrontado*, México, Porrúa, 2014, pp. 321-333.

7. Recursos para manejar clichés y fenómenos semejantes[*]

Si yo debiera presentar esta contribución como estudio sobre el debate, sería un texto más bien anómalo, porque sus propuestas no entran en los tiempos normales de un debate. En efecto, estoy convencido de que con frecuencia los clichés requieren tiempos muy largos. Además, trataré de la relevancia del *ethos* y de su gestión, esto es, no estará en primer lugar el *logos*, que es el medio de persuasión que más inmediatamente solemos asociar al debate. Tiempos largos significa que con frecuencia se va a conseguir poco dentro de un debate, aunque éste se prolongara por horas. La superación de algunos lugares comunes puede entrar en los parámetros temporales de la educación, del crecimiento de una persona, de la maduración de una relación.

En el recorrido que se hará aquí en los diversos tipos de simplificación se tratará de hacer notar su aspecto positivo, aparte del aspecto falaz. Este es uno de los motivos por los que ahora era conveniente decir "simplificación", que no es de suyo una denominación negativa, como en cambio lo es "cliché". Hay simplificaciones –de pensamiento, de expresión, de argumentación– del todo ordinarias en nuestra vida, que tienen un papel

* Comunicación presentada en el congreso Argomentare le proprie ragioni. Organizzare, condurre e valutare un dibattito, Università di Padova, Italia, 18-19 de noviembre de 2010. El tema del congreso explica la mención inicial del debate.

positivo en la comprensión de la realidad, y son vitales también para la comunicación y para la educación.[1]

7.1. Las funciones de la ignorancia

Pienso que una estrategia iluminadora en la búsqueda de comprensión es la de tomar como punto de partida el esquema que desde Locke ha sido llamado *argumentum ad ignorantiam*. "Consiste en considerar verdadera una tesis porque no ha sido demostrada falsa o, viceversa, considerarla falsa porque no se ha demostrado su verdad".[2] La formulación de la pragma-dialéctica de Frans Van Eemeren dice que la argumentación *ad ignorantiam* "consiste en concluir que una afirmación es verdadera porque su contraria no ha sido defendida con éxito".[3]

No me detengo en la invalidez de este esquema. Sólo quisiera recordar su aplicación jurídica, que suele ayudar a entenderlo: si el abogado defensor de un acusado refuta las *pruebas* de culpabilidad presentadas por el fiscal, aún le queda por *probar* la inocencia de su cliente, de momento sólo ha probado que el alegato del fiscal *no prueba* nada. Quien razonara de otra manera se encontraría en la situación de transformar un no-saber en saber.[4] De ahí el nombre, *ad ignorantiam*.

Este esquema argumentativo deja ver muy claramente la relatividad de la noción de falacia, la necesidad de ponerlo en un contexto para juzgarlo falaz o no. No es necesario detenerse en este punto, porque quien tiene familiaridad con el debate tiene la experiencia inmediata de la dimensión vital de la mayor parte de los razonamientos: su relación con personas concretas y con recursos cognoscitivos concretos.

---

[1] Sobre el papel constructivo de las simplificaciones véase el punto de vista psicológico en Luciano Arcuri, Maria Rosaria Cadinu, *Gli stereotipi. Dinamiche psicologiche e contesto delle relazioni sociali* , Bolognia, Il Mulino, 1998, pp. 10, 13, 139.

[2] Adelino Cattani, *Discorsi ingannevoli*, p. 127.

[3] Frans H. Van Eemeren, Rob Grootendorst, *Una teoria sistematica dell'argomentazione. L'approccio pragma-dialettico*, Milán, Mimesis, 2008, p. 134.

[4] Cfr. A. Cattani, *Discorsi ingannevoli*, p. 129.

De hecho hay usos no falaces del argumento, usos que nadie objetaría.[5] Está, por ejemplo, el valor de la costumbre o de la experiencia: "Lo hemos hecho siempre así; mientras no se encuentre un modo claramente mejor de hacerlo, seguiremos haciéndolo así". O bien, para volver al campo jurídico, pensemos en la importancia de la absolución por falta de pruebas. En regímenes autoritarios suele estar vigente como realidad de hecho el procedimiento contrario: la condena por falta de pruebas. Desde un punto de vista lógico no hay diferencia alguna. Entonces, ¿por qué nos horroriza el segundo caso, mientras en el primero vemos una justicia más alta, con todo y su ignorancia? Porque la lógica no es todo. También está el hombre, está la vida.

Decir que este razonamiento es una falacia no nos ayuda mucho, ya que la noción de falacia es un poco escurridiza. La definición clásica dice que se trata de un razonamiento que parece válido pero no lo es.[6] Al decir "parece" estamos introduciendo un elemento subjetivo que perturba la identificación de los casos singulares de razonamientos falaces.[7] Es una perturbación magnífica, porque, si por una parte nos vuelve difícil formular una definición de pureza geométrica, por la otra nos vuelve sumamente clara la dimensión vital de la mayor parte de los razonamientos: su relación con unas personas concretas y con unos recursos cognoscitivos concretos. He aquí por qué me parece magnífica esa falta de geometría en la definición de falacia.

---

[5] Cfr. Franca D'Agostini, *"Fallacia ad ignorantiam*, realismo ed epistemicismo. Contributo allo studio filosofico delle fallacie"*, en Adelino Cattani, Paola Cantù, Italo Testa, Paolo Vidali (eds.), *La svolta argomentativa. 50 anni dopo Perelman e Toulmin: 1958-2008*, Nápoles, Loffredo, 2009, p. 74.

[6] Cfr. Aristóteles, *Elencos sofísticos*, 165a19-20.

[7] Cfr. F. Van Eemeren, R. Grootendorst, *Una teoría sistemática...*, p. 133.

7.2. Lógica y retórica

En el caso de la argumentación *ad ignorantiam*, la validez y la invalidez se juegan en buena medida en la diversidad de su valor lógico y su valor retórico. Es una experiencia vital de los debates: si alguien es refutado repetidamente, eso no significa que la tesis contraria haya sido demostrada. Esto, desde el punto de vista lógico. Pero es inevitable que para los que siguen el debate se vaya consolidando poco a poco la impresión de que la tesis contraria es válida, quizá hasta la persuasión. Éste es el punto de vista retórico.

Hay un fenómeno bien conocido para quien trabaja en el ámbito de los medios de comunicación, el extraordinario éxito de las noticias suministradas a modo de pertinaz goteo, que termina por formar una auténtica opinión pública, con frecuencia sin ninguna razón auténtica. Se podría pensar que la repetida falta de fundamento terminaría por persuadir de lo contrario, pero eso no sucede porque no hay conciencia de la falta de fundamento. Una condición para su eficacia es la superficialidad. En este caso (y en la argumentación *ad ignorantiam* en general) hay que notar que la conclusión errónea no la van a sacar los expertos en la materia, sólo que no son ellos quienes constituyen la opinión pública. Ya Aristóteles distinguía entre la opinión (*doxa*) y la opinión de los expertos (*endoxon*).[8]

7.3. Tipos de cliché

7.3.1. Simple generalización. Error taxonómico

Un primer tipo de cliché es la simple generalización. El error de la generalización indebida está en aplicar a todos los elementos de un grupo una cualidad que poseen sólo algunos: pocos, o incluso muchos, pero no todos. Existe también el caso de que ninguno de los individuos responda

---

[8] Cfr. Aristóteles, *Tópicos*, 1, 100a-b.

al atributo aplicado, o se podría decir que sí responden, pero sólo por un error de conceptualización. Esto nos lleva a otro fenómeno, también diverso del cliché, que podríamos llamar *error taxonómico*, como pensar que los iraníes son árabes, que los rumanos son eslavos, que los mexicanos son sudamericanos, que los escoceses son ingleses. Aquí no tiene sentido hablar de "excepción" sin recurrir a ciudadanías adquiridas o al diverso valor que asume un adjetivo según se trate de una raza, un idioma, una nacionalidad.

7.3.2. Simbolismos

Con frecuencia las generalizaciones tienen un valor metonímico. Por tanto son significativas, no son un puro error, pero llevan a error si no se tiene en cuenta la metonimia. Muchas denominaciones oficiales (o al menos históricas) de países y de pueblos tienen este carácter. Piénsese en el significado de "Asia", nombre del continente más extenso, que en su origen denominaba una región bastante restringida e intuitivamente "poco asiática". "México" toma su nombre del pueblo que dominaba la mayor parte del territorio que hoy lleva ese nombre; muchas etnias hoy "mexicanas" no son absolutamente mexicanas en un sentido etnológico preciso. "Argentina" es un término vinculado al Río de la Plata, que, por muy grande e importante que sea (representado incluso en la Fuente de los Ríos de la Plaza Navona en Roma), tiene escasa relevancia geográfica para el inmenso territorio de ese país.

Todo esto suele ser pacífico, mientras no se alce una etnia para declararse harta de ser llamada con el nombre de sus antiguos dominadores, o una nación para subrayar su propia especificidad, diversa del estado al que pertenece, como sucede con regiones de algunos estados europeos.

7.3.3. Microfundamentalismo

Veamos ahora un tipo muy particular de simplificación, que no consiste sólo en una relación entre generalidades más o menos amplias, sino en tre una realidad y sus versiones. En efecto, hay realidades tan ricas que sólo una pluralidad de versiones puede expresar su riqueza, por ejemplo, los temas de los que se ocupa la filosofía: éste es el motivo por el que no existe una filosofía que pueda considerarse total, la única verdadera. También las formas de la amistad presentan una profusión semejante, y las de la sociedad, de la familia, de las religiones, de las diversas artes.

Luigi Pareyson hace una distinción entre la verdad y sus formulaciones, que responde con precisión a lo que se presenta aquí.[9] La pluralidad de formulaciones de la verdad puede ser asumida como una pluralidad de verdades. Hay muchos sentidos en los que ciertamente existe una pluralidad de verdades, pero en este caso se trata de un malentendido frecuente que es una de las formas del relativismo. El extremo opuesto consiste en rechazar esa pluralidad tomando una de las versiones como si fuera la realidad plena. Esto se puede llamar fundamentalismo. Piénsese en lo que sucede si se toma una filosofía entre muchas existentes, por ejemplo, el marxismo-leninismo o el tomismo, o la filosofía analítica, y se presenta como "la verdadera filosofía", con exclusión de todas las otras, lo que es claramente una posición fundamentalista. El problema no es el reconocimiento de la validez de lo que se toma, sino la exclusión de la validez de todo lo demás.

Hay ámbitos donde no solemos recurrir al término "fundamentalismo" y sin embargo se aplica el mismo esquema. Por ejemplo, si alguien dice que la verdadera pintura es la renacentista y todo lo demás es intento de llegar o corrupción posterior; o si alguien dice que la *Sinfonía inconclusa* de Schubert es la de Giulini y las demás interpretaciones son sólo aproximaciones. Ciertamente no le llamamos fundamentalista al pobre que no consigue disfrutar de las múltiples interpretaciones de la *Sinfonía inconclusa*, pero parece claro que el esquema de pensamiento es el mismo.

---

[9] "La palabra revela la verdad, pero como inagotable, y, por tanto, es elocuente no sólo por lo que dice sino también por lo que no dice: lo explícito es significante a tal punto que aparece como una continua irradiación de significados, alimentada perennemente por la riqueza infinita de lo implícito, de tal modo que comprender significa profundizar lo explícito para captar en él la inagotable riqueza de lo implícito", cosa que tiene lugar en "revelaciones que no por aumentar de número se acercan a una manifestación total, de suyo imposible", *Verità e interpretazione*, p. 115.

Para explicar esto, Pareyson recurre al fenómeno de la interpretación artística, y afirma que la obra no es "un 'objeto' al cual el intérprete deba adecuar su representación desde el exterior, ya que la obra está caracterizada por una 'inobjetivabilidad' que le viene del ser inseparable de la ejecución que la hace vivir y, al mismo tiempo, no poderse reducir a ninguna de sus ejecuciones".[10]

Estoy convencido de que es muy difícil, si no imposible, ser absolutamente libres de este tipo de simplificación. Se trata de algo vital. Por un principio de economía mental y lingüística, no siempre tomamos en consideración todas las virtualidades de una realidad sino sólo lo que resulta pertinente en un determinado contexto. Esto tiene una explicación en la psicología cognitiva,[11] pero desde un punto de vista dialéctico propongo llamarlo "microfundamentalismo".[12] Eliminar todo microfundamentalismo de nuestra vida no sólo es difícil sino inútil e incluso perjudicial. Lo importante es ser consciente de que se está operando esa simplificación.

7.3.4. Herejía

Pienso que es muy conveniente mantener la distinción entre el fundamentalismo (o microfundamentalismo) y otro tipo de simplificación que podemos llamar "herejía". Como es sabido, *hairesis* significa "elección", y normalmente las herejías (las más conocidas son las del cristianismo) han consistido en tomar alguna verdad como la verdad esencial, y a partir de ahí juzgar las demás y eliminarlas si es el caso. Entre dos textos de

---

[10] "Es evidente que una relación de este tipo no se puede configurar en términos de sujeto y objeto: el intérprete no es un 'sujeto' que disuelva la obra en el propio acto o que deba despersonalizarse para hacer fielmente la obra en sí misma, sino más bien es una 'persona' que sabe servirse de la propia sustancia histórica y de la propia insustituible actividad e iniciativa para penetrar la obra en su realidad y hacerla vivir de su vida; tampoco la obra es un 'objeto' al cual el intérprete deba adecuar su representación desde el exterior, ya que la obra está caracterizada por una 'inobjetivabilidad' que le viene del ser inseparable de la ejecución que la hace vivir y, al mismo tiempo, no poderse reducir a ninguna de sus ejecuciones", *Verità e interpretazione*, p. 71.

[11] Cfr. L. Arcuri, M.R. Cadinu, *Gli stereotipi*, pp. 10, 13, 139.

[12] Como se puntualizó en el capítulo 3 de la primera parte, ahora no me parece tan apropiada esta denominación como cuando escribí esto en 2010.

la Biblia, por ejemplo, que aparecen incompatibles, hay quien trata de encontrar la sintonía y está dispuesto a dejar la aclaración a futuras generaciones, y hay quien escoge uno y del otro afirma que es una corrupción del texto, una interpolación, un error del copista.

No hace falta insistir más en esta distinción, porque el uso de "herejía" y el de "fundamentalismo" consienten muchos matices, según las decisiones de clasificación y por tanto según las convenciones de léxico. De todos modos, me parece relevante mantener la posibilidad de dos simplificaciones distintas: una que es la reducción de una realidad a una sola de sus posibles versiones, que es un defecto por falta de interpretación, y es el sentido clásico de fundamentalismo; y otra que es una elección, no entre versiones sino entre los elementos de los que consta una realidad en detrimento de los otros, que es lo que podemos llamar herejía.

7.3.5. Cliché

Y llegamos al tipo de simplificación que mejor responde a lo que llamamos cliché. Es el caso de la idea general que contradice la experiencia particular, e incluso personal. La definición de cliché que ofrece el diccionario italiano de De Mauro dice así: "Una opinión preconstituida, no adquirida sobre la base de una experiencia directa y poco susceptible de modificación".[13] Otros diccionarios son menos precisos. Nótese bien que no es sólo una simplificación. Las simplificaciones pueden ejercer una función pedagógica imprescindible, a condición de que mantengan la posibilidad de afinarse. Ninguno de nosotros puede gozar del máximo nivel de profundidad en todos sus conocimientos. También para el hombre de sabiduría "ilimitada" habrá siempre campos en los que sus conocimientos sean más bien elementales. Él se demostrará verdaderamente sabio en su conciencia de esa elementalidad y en la disposición a aprender más. Esas nociones simples no son pues un cliché.

---

[13] Tullio De Mauro, "Stereotipo", en *Grande dizionario italiano dell'uso*, Turín, UTET, Vol. 6, 1999-2007, p. 388.

Hace algunos años un colega de la Universidad Hebrea de Jerusalén, experto en argumentación, me confiaba su deseo de analizar la lógica que está en la base de expresiones como ésta, que él estaba cansado de escuchar: "Los judíos son unos sinvergüenzas, pero he de reconocer que mis mejores amigos son judíos". La expresión citada es un caso muy característico, pero no es difícil encontrar otros perfiles humanos donde se verifique ese mismo modo de razonar. Del contraste entre el cliché y la experiencia personal no se pasa a la corrección de uno de los extremos, es decir, revisar el cliché o concluir por deducción que esos queridos amigos son también unos sinvergüenzas. No: el cliché se mantiene y la experiencia personal se asume entonces como una excepción. A quien ha sido objeto de uno de estos clichés, es muy probable que alguna vez le hayan dicho "Pero tú eres diverso", o alguna otra fórmula de excepcionalidad.

Por tanto, el cliché y la experiencia se contradicen, y sin embargo era a partir de la experiencia de donde se podía hacer una inducción. El cliché, claro, no se había obtenido por inducción (o se hizo una generalización indebida). Cuando a partir del cliché se hace una deducción, se obtiene una conclusión que contradice la experiencia, la cual será entonces considerada una excepción. Son muchas las personas que van adelante en la vida sin haber resuelto la valoración de un perfil humano. Por una parte conviven con las personas correspondientes de manera serena, quizá fructífera, incluso con una relación personal comprometida; y por la otra, conservan una valoración negativa del conjunto de quienes responden a ese perfil.

7.3.6. Argumentación *ad verecundiam*

Por último, hay que decir que no se deben confundir los argumentos *ad ignorantiam* y *ad verecundiam*. También en este último la ignorancia juega un papel decisivo. Su nombre viene de la vergüenza que podría embargar al interlocutor al admitir que no conoce una autoridad que se acaba de citar, y que por eso la acepta. Quien recurre a esta estrategia prevé esa reacción ante su despliegue de ciencia y por tanto juega con la ignorancia del otro (unida al amor propio y quizá también a la timidez). Si los clichés son frecuentemente eficaces, es porque se aceptan por el temor de ir contra una autoridad, la del autor de moda o la de la "opinión común". Con frecuencia es sólo una vaguísima impresión de que ése es el pensamiento imperante, o la opinión de los anticonformistas (si el lugar común es ése), o el de los progresistas, o el de los conservadores, etcétera.

Un personaje de *El retrato de Dorian Gray* muy célebre, tal vez aún más que el protagonista, es lord Henry Wotton. Tiene una habilidad única para afirmar con eficacia lo contrario de lo que todos sostienen o lo contrario del sentido común. Durante una velada, después de que alguien ha deseado a uno de los presentes un matrimonio feliz, lord Henry exclama: "¡Qué tonterías dice la gente sobre los matrimonios felices! Un hombre puede ser feliz con cualquier mujer, con tal de que no la ame".[14] Esta salida le procura una invitación a comer por parte de una anciana dama, que considera a lord Henry "un tónico admirable, mucho mejor que el que me receta sir Andrew". Poco después una joven dama declara:

> —Fumo demasiado. Voy a controlarme en el futuro.
> —No lo haga, por favor, lady Ruxton —dijo lord Henry—.
> La moderación es algo fatal. [...]
> Lady Ruxton le miraba con curiosidad.
> —Tiene que venir usted una tarde a mi casa y explicármelo,
> lord Henry. Parece una teoría fascinante.[15]

Y luego los dos se habrán encontrado seguramente en casa de la dama y, abandonada toda moderación, habrán bebido cinco litros de té cada uno. Admirable y fascinante es todo lo que dice lord Henry porque deja entrever una justificación de las propias debilidades, pero desde el punto de vista de los motivos para aceptarlo la fuerza está en el temor de oponerse a algo que al parecer todos saben, por lo menos todos aquéllos en los que uno se reconoce. He aquí por qué es un argumento *ad verecundiam* y lleva consigo un elemento de ignorancia. De la misma manera, la aceptación de un cliché depende con frecuencia de la vergüenza de no saber lo

---

[14] Oscar Wilde, *El retrato de Dorian Gray*, Cap. 15, México, Grupo Editorial Tomo, 2003, p. 163.
[15] *Ibid.*

que "todos saben". Y también, claro está, de la comodidad de contentarse con esa información.

7.4. Recursos disponibles

Ahora podemos pensar en los posibles recursos para manejar el cliché. Es evidente que contra la ignorancia está el conocimiento, la información. Sin embargo, esto se puede revelar una trampa. Hay que ofrecer información, sobre esto no cabe duda, pero más relevante aún es el modo de hacerlo. Hemos visto que con frecuencia la desinformación contiene información correcta. Hemos visto que la experiencia concreta con frecuencia no consigue borrar el cliché que ella misma contradice. En los primeros meses de 2010 se habló mucho de un estudio que llevaba ya una larga historia y se publicó en la revista *Political Behavior* en ese año,[16] donde se sostiene que las falsas informaciones no se superan con rectificaciones, es más, con frecuencia las rectificaciones las refuerzan. Eso se debe en buena medida a que el efecto de la rectificación depende de posiciones ideológicamente asumidas.[17] Si bien la investigación se centra en el campo político, las conclusiones reflejan una realidad más amplia, y ciertamente iluminan la naturaleza de los clichés en general. ¿Cómo se combate entonces la ignorancia?

En casos particulares, poco numerosos, de personas verdaderamente serias, con capacidad de emprender un análisis imparcial al modo de un estudio sociológico, se podrá proponer un examen de los datos para aclarar el malentendido. Pero de ordinario la atención se habrá de dirigir a otros aspectos de la comunicación, a otros medios de persuasión.

---

[16] Brendan Nyhan, Jason Reifler, "When Corrections Fail: The Persistence of Political Misperceptions", *Political Behavior*, 2010, núm. 32, pp. 303-330.

[17] Cfr. *ibid.*, p. 309. Es ilustrativa la serie de hipótesis presentadas por el análisis: "Hypothesis 1 (Ideological Interaction): The effect of corrections on misperceptions will be moderated by ideology. Hypothesis 2a (Resistance to Corrections): Corrections will fail to reduce misperceptions among the ideological subgroup that is likely to hold the misperception. Hypothesis 2b (Correction Backfire): In some cases, the interaction between corrections and ideology will be so strong that misperceptions will increase for the ideological subgroup in question".

En la mayor parte de los casos es contraproducente dar a la información una forma expositiva sistemática, como de quien quiere demostrar, refutar. Es más eficaz recurrir al caso concreto, no como parte de un proceso inductivo sino como ejemplo (*paradeigma*), sobre todo si se trata de casos humanos, con alma, porque entonces tendrán vida propia. Octavio Paz viajó a España en 1937 junto con muchos intelectuales mexicanos que querían hacer sentir una voz "antifascista" durante la Guerra Civil (1936-1939). (De este viaje más tarde lamentó que se hubiera convertido en una especie de bacanal que no tenía nada que ver con las convicciones políticas.) Durante su estancia, Paz tuvo ocasión de llegar hasta el frente, casi a contacto con el enemigo, en un edificio en el que los podía incluso oír, y refiere que le causó una fuerte impresión advertir en ellos una normalidad que no se esperaba: ¡esos enemigos eran hombres![18] No eran unos monstruos, se contaban chistes y se decían cosas como "dame un pitillo".

Hay que evitar pues la inducción. Ante el cliché no es la razón la primera facultad llamada en causa sino un conjunto de recursos que Aristóteles llama buena voluntad (*eunoia*[19]), que podemos definir como *voluntad de entender*. Cuando uno no quiere entender, toda información, por muy oportuna y clara que pueda ser, resulta insuficiente. Pero la voluntad del interlocutor no es la nuestra, no está en nuestras manos la facultad de hacerla actuar. Sólo podemos intentar *suscitarla*, y para esto el modo mejor es mostrar la propia,[20] por eso de ordinario no es indicado el tono de desafío sino, al contrario, la afabilidad en la clarificación.

Como se puede ver, esto va más allá de los tiempos razonables de un debate. Son los tiempos de la educación, de la maduración. Algunas argumentaciones pueden requerir años. Los ya citados Arcuri y Cadinu explican que "un eventual cambio de los clichés se puede realizar sólo con lentísimos progresos y sólo en la medida en que los atributos que marcan

---

[18] Cfr. Octavio Paz, "El lugar de la prueba (Valencia, 1937)", en *Pequeña crónica de grandes días*, México, FCE, 1990, p. 106.

[19] Cfr. *Retórica*, II, 1378a.

[20] Véase el capítulo "El papel de la buena voluntad en la comunicación conflictiva", en la segunda parte de este mismo volumen.

su modificación se conectan entre sí de manera extensiva y de larga duración con el nudo conceptual".[21]

Parte de estos temas los presenté como *lectio magistralis* en la inauguración del año académico 2010-2011 en mi universidad, que es la realización póstuma de un deseo de san Josemaría Escrivá (1902-1975). Precisamente en algunas cartas suyas había advertido sugerencias dialécticas sumamente acertadas y un evento tan institucional era la ocasión ideal para ir a encontrarlas de nuevo. Él escribió:

> Conversar requiere actuar con cortesía, saber escuchar, tener fe en la inteligencia, rechazar la violencia como método para convencer. La violencia no es nunca solución, la violencia de suyo es estúpida. Cuando una máquina no marcha, la solución no está en darle golpes, sino en engrasarla, en darle aceite. En las relaciones humanas, el aceite es el diálogo amable, la justicia impregnada con la caridad.[22]

Me parece que por violencia (rechazadas sin duda tanto la física como la verbal) aquí se entiende el discurso que se abre paso con la autoridad o con la fuerza de argumentos, incluso válidos, pero que son más impuestos que propuestos a la comprensión del interlocutor. En cualquier caso es probable que, si bien no será difícil a la mayor parte de los lectores compartir la proscripción de la violencia, quede sin embargo la impresión de que en esta descripción de las exigencias de una conversación los recursos dialécticos se reducen. Es legítimo preguntarse por qué habría que ser corteses, o sobre cuál base podríamos confiar en la inteligencia ajena. Deberíamos apelar a una antropología cognitiva y a una teoría del diálogo, pero por el momento basta señalar que es una cuestión de fines. En su célebre manual de disputa erística, Schopenhauer propone estratagemas muy alejados de esta consideración por la persona del interlocutor, pero su juego es claro: el objetivo es vencer en una discusión, no alcanzar o compartir una verdad ni mucho menos educar a alguien.

---

[21] *Gli stereotipi*, p. 70.

[22] Josemaría Escrivá, *Carta*, 24-10-1965, núm. 33.

Explica que hay diálogos en que se busca la verdad y diálogos que se conducen "de tal modo que uno siempre lleve razón, es decir, *per fas et nefas* [justa o injustamente]", porque, "generalmente quien discute no combate en pro de la verdad, sino de su tesis".[23] Ya que la finalidad del diálogo de que habla san Josemaría es la de compartir una verdad, y como el interlocutor es tomado en la integridad de su persona, él invitaba a exponer "la verdad serenamente, de forma positiva, sin polémica, sin humillar, dejando siempre al otro una salida honrosa".[24] ¿No es éste un modo claro de mostrar la propia buena voluntad? Y es también una renuncia a apoyarse en la vergüenza ajena. Así, cuando suceda que yo no tenga razón, esa misma actitud me ayudará a descubrirlo y a aceptarlo. La propuesta de aplicar estas sugerencias en el manejo de los clichés responde a lo fuertemente radicados que están en nuestra mente, lo cual constituye también un problema de *visión*: mientras un concepto nuestro tenga las características del cliché, no nos va a consentir *ver* otra cosa. De ahí la exigencia de recurrir a la buena voluntad, que traslada el peso de la atención fuera del ámbito conceptual. Se podría decir que quien tiene como objetivo vencer en una discusión puede hacer uso de recursos más "fuertes" –el reto, el sarcasmo, la polémica– que quien en cambio quiere compartir una verdad y tratar al interlocutor como "otro yo".[25] Pero si tiene intención de combatir algún cliché, es probable que con los modos "fuertes" sólo consiga endurecerlo aún más.

Por eso san Josemaría descendía incluso al específico consejo de "no apabullar" como demostración de delicadeza.[26] Schopenhauer –el contraste es drástico, pero iluminador– proponía el *argumentum ad verecundiam* precisamente como un estratagema, con la explícita invitación a servirse de los prejuicios existentes y con la conciencia de que "las

---

[23] Cfr. Arthur Schopenhauer, *El arte de tener razón. Expuesto en 38 estratagemas*, Madrid, Alianza, 2006, p. 13. Se explica también que en esas discusiones haya que presuponer deslealtad y vanidad por parte de los participantes.

[24] J. Escrivá, *Carta*, 9-1-1932, núm. 70.

[25] *Ética a Nicómaco*, IX, 4, 1166a 32.

[26] "Es necesario tener la delicadeza de no apabullar, de no *stravincere*, como dicen en italiano, de no llevar las cosas más allá de lo necesario", Escrivá, *Carta*, 24-10-1965, núm. 33.

autoridades que el adversario no entiende en absoluto suelen ser las más eficaces";[27] y con el mismo espíritu pragmático garantiza el éxito en otro estratagema –el de cantar victoria sin fundamento– "si el adversario es tímido o estúpido".[28]

"Dejar al otro una salida honrosa", "no apabullar", no son para nada estrategias vencedoras en el sentido del opúsculo de Schopenhauer. Ahora bien, si se tiene presente la distinción de los fines, será posible apreciar una nueva vuelta de tuerca "perdedora" en la que yo encuentro un recurso paradójicamente eficaz si la finalidad del diálogo es compartir la verdad en el respeto del otro: "A veces, la caridad más fina será hacer que el otro quede con la convicción de que ha llegado, por su cuenta, a descubrir alguna verdad nueva".[29]

La cuidadosa atención a la buena voluntad en el manejo de conceptualizaciones defectuosas es también pertinente en función preventiva, para evitar el defecto en contextos que presentan ese riesgo, como sucede en todo uso de analogías, metáforas, metonimias.[30] La distancia entre el sentido literal y lo que se quiere comunicar es siempre una no identidad y encierra por tanto una cierta ignorancia que debe ser superada, lo cual requiere una correspondiente *voluntad de ver y de entender*.

* * *

Con el objetivo de profundizar antropológicamente la retórica, se creó en 2015 un grupo internacional de investigación, Rhetoric & Anthropology, cuyos principios se expusieron en un "manifiesto" firmado por sus cinco miembros fundadores: Marco Agnetta, Adelino Cattani, Alberto Gil,

---

[27] Schopenhauer, *El arte...*, p. 55.

[28] *Ibid.*, p. 45.

[29] Escrivá, *Carta*, 9-1-1932, núm. 70.

[30] Donde las falacias frecuentes son generalización indebida, falsa analogía, caricatura, versión cómoda (*straw man*), buen deseo (*wishful thinking*), y además, los clichés que acabamos de analizar.

Rafael Jiménez Cataño, Sergio Tapia Velasco, "Rhetorical Anthropology or Anthropological Rhetoric: Foundations of the 'Rhetoric & Anthropology' Research Net", *Studia Anglica Resoviensia*, 2018, 15(1), pp. 5-27 [en línea], disponible en <https://repozytorium.ur.edu.pl/bitstream/handle/item/3765/1%20agnetta-rhetorical%20anthropology.pdf?sequence=1&isAllowed=y>, consultado el 17 de abril de 2020.

Bibliografía

ABRASKEVICIUTE, Ausra, *"Ugniukas Finish Eating the Little Potato":
Directives and Address in Family Dinner Conversations*, MA
Dissertation, Vilnius, University of Vilnius, 1998.

ADICHIE, Chimamanda Ngozi, *Half of a Yellow Sun*, Nueva York, Anchor
[2006], 2007.

AGNETTA, Marco, Adelino Cattani, Alberto Gil, Rafael Jiménez Cataño,
Sergio Tapia Velasco, "Rhetorical Anthropology or Anthropological
Rhetoric: Foundations of the 'Rhetoric & Anthropology' Research
Net", *Studia Anglica Resoviensia*, 15(1), pp. 5-27 [en línea],
disponible en <https://repozytorium.ur.edu.pl/bitstream/
handle/item/3765/1%20agnetta-rhetorical%20anthropology.
pdf?sequence=1&isAllowed=y>, consultado el 17 de abril de 2020.
2020].

ARCURI, Luciano, Maria Rosaria Cadinu, *Gli stereotipi. Dinamiche psicologiche
e contesto delle relazioni sociali*, Bolonia, Il Mulino, 1998.

ARISTÓTELES, *Tratados de lógica*, introducciones, traducciones y notas de
Miguel Candel Sanmartín, Madrid, Gredos, 1982-1995.

__________, *Ética a Nicómaco*, traducción de Antonio Gómez Robledo, México,
UNAM, 1983.

ARISTÓTELES, *Retórica*, introducción, traducción y notas de Quintín Racionero, Madrid, Gredos, 1994.

ARREOLA, Juan José, "La boa", en *Bestiario*, México, Joaquín Mortiz [1955], 1972, p. 28.

__________, *La feria*, México, Joaquín Mortiz [1963], 1992.

ARREOLA, Juan, Fernando del Paso, *Memoria y olvido. Vida de Juan José Arreola (1920-1947) contada a Fernando del Paso*, México, Consejo Nacional para la Cultura y las Artes, 1994.

AUSTIN, John L., *How to do Things with Words*, Oxford, Oxford University Press, 1962.

AVERINCEV, Sergei S., "Note sul concetto cristiano di famiglia", en Sergei S. Averincev, Marko Ivan Rupnik, *Adamo e il suo costato*, Roma, Lipa, 1996, pp. 57-79.

BEUCHOT, Mauricio, "Respuesta", en Raúl Alcalá Campos (comp.), *Hermenéutica, analogía y significado. Discusión con Mauricio Beuchot*, México, Surge, 1999, pp. 41-50.

BROWN, Penelope, Stephen Levinson, *Politeness: Some Universals in Language Usage*, Cambridge, Cambridge University Press, 1987.

CATECISMO de la Iglesia católica, 1994 [en línea], disponible en <http://www.vatican.va/archive/catechism_sp/index_sp.html>, consultado el 17 de abril 2020.

CATTANI, Adelino, *Discorsi ingannevoli. Argomenti per difendersi, attaccare, divertirsi*, Padua, Edizioni GB, 1995. Hay una versión posterior: *50 Discorsi ingannevoli*, Padua, Edizioni GB, 2011.

__________, *Los usos de la retórica*, Madrid, Alianza Editorial [2001], 2003.

CHESTERTON, Gilbert Keith, *What's Wrong with The World* [1910], en *The Collected Works of G.K. Chesterton*, Vol. 4, San Francisco, Ignatius Press, 1987.

Cortini, Michela, "Rhetoric on Sale", *Tópicos*, 1999, 17(1): 9-31.

__________, "Silence as Tool for the Negotiation of Sense in Multi-parties Conversations", en Edda Weigand, Marcelo Dascal (eds.), *Negotiation and Power in Dialogic Interaction*. Amsterdam/Philadelphia, John Benjamins, 2001, pp. 167-180.

D'Agostini, Franca, "*Fallacia ad ignorantiam*, realismo ed epistemicismo. Contributo allo studio filosofico delle fallacie", en Adelino Cattani, Paola Cantù, Italo Testa, Paolo Vidali (eds.), *La svolta argomentativa. 50 anni dopo Perelman e Toulmin: 1958-2008*, Nápoles, Loffredo, 2009, pp. 71-83.

__________, *Introduzione alla verità*, Turín, Bollati-Boringhieri, 2011.

__________, "Logica, eristica ed educazione alla verità", *Eris*, 2017, 2(1), pp. 26-42 [en línea], disponible en <https://pdfs.semanticscholar.org/e9f3/b7632c745e87901404d61a1392bab31c5abc.pdf>, consultado el 17 de abril de 2020.

__________, "Misunderstandings About Truth", *Church, Communication and Culture*, 2019, 4(3), pp. 266-286. DOI: 10.1080/23753234.2019.1667252.

Dascal, Marcelo, "Argument, War and the Role of the Media in Conflict Management", en Tudor Parfitt, Yulia Ergorova (eds.), *Jews, Muslims, and the Mass Media: Mediating the "Other"*, Londres, Routledge Curzon, 2004, pp. 228-248 [en línea], disponible en <http://www.tau.ac.il/humanities/philos/dascal/papers/Media%20in%20Conflict.htm>, consultado el 17 de abril de 2020.

Davidson, Donald, *Inquiries into Truth and Interpretation*, Oxford, Clarendon Press, 1985.

__________, "Replies to Rorty, Stroud, McDowell, and Pereda", en Gareth Evans, John McDowell (eds.), *Truth, Language and History*, Oxford, Reino Unido/New York, Clarendon Press, 2005, pp. 315-327.

De Crescenzo, Luciano, *Così parlò Bellavista*, Milán, Mondadori [1977], 2000.

De Mauro, Tullio, *Grande dizionario italiano dell'uso*, idea y dirección de (con la colaboración de Giulio C. Lepschy y Edoardo Sanguineti), Turín, UTET, 1999-2007.

Dinesen, Isak (pseudónimo de Karen Blixen), *Lejos de África*, Madrid, Alfaguara [1937], 1986.

Dostoievsky, Fedor, *L'idiota*, Milán, Garzanti [1869], 1987.

Eiximenis, Francesc, *Lo Crestià*, en Gabriella Zanoletti (ed.), *Estetica medievale dell'eros, della mensa, della città*, Milán, Jaca Book, 1986 (selección de textos de la obra, de suyo incompleta).

El País, *Libro de estilo El País*, Madrid, El País [1977], 1996.

Ende, Michael, "Lento come il pianeta gira il tavolo rotondo", en *Lo specchio nello specchio*, Milán, Longanesi [1984], 1986, pp. 75-82.

Ende, Michael, "Ávido de lo otro", en *Carpeta de apuntes*, México, Alfaguara [1994], 1996, p. 388.

Escrivá, Josemaría, *Carta*, 9-1-1932, Archivo General de la Prelatura del Opus Dei, serie A-3, fasc. 91.

__________, *Carta*, 24-10-1965, Archivo General de la Prelatura del Opus Dei, serie A-3, fasc. 96.

Fernández de Lizardi, Joaquín, "Sigue el diálogo entre el francés y el italiano", *El Pensador Mexicano*, t. II, núm. 17 [en línea], disponible en <http://www.iifilologicas.unam.mx/obralizardi/index.php?page=numero-17-sigue-el-dialogo-entre-el-frances-y-el-italiano>, consultado el 17 de abril de 2020.

Fitzgerald, Francis Scott, *The Great Gatsby*, Cambridge, Cambridge University Press [1925], 1991.

Fórum Social Mundial [en línea], disponible en <http://forumsocialportoalegre.org.br/biblioteca-do-forum-social-de-porto-algre/>, consultado el 17 de abril de 2020.

GEIRINGER, Karl, *I Bach. Storia di una dinastia musicale* [1954], Milán, Rusconi, 1981.

GIL, Alberto, *Cómo convencer eficazmente. Hacia una retórica anclada en la personalidad y en los valores*, Madrid, Palabra [2013], 2014.

GIUSSANI, Luigi, Renato Farina, *Un caffè in compagnia*, Milán, Rizzoli, 2004.

GRICE, Paul, "Logic and Conversation", en Peter Cole, Jerry L. Morgan (eds.), *Syntax and Semantics*, Vol. 3: "Speech Acts", 1975, Nueva York, Academy Press, pp. 41-58.

HADJADJ, Fabrice, Fabrice Midal, *Che cos'è la verità?*, Turín, Lindau, 2011.

HUBARD, Julio, "Divagación contra lo otro", *Letras Libres*, 1999, núm. 12, pp. 36-39.

HURTADO, Guillermo, "Notas sobre *De utilitate credendi*", en *Por qué no soy falibilista y otros ensayos filosóficos*, México, Los Libros de Homero, 2009, pp. 77-83.

__________,"La dictadura del *paper*", *Diario la razón*, 6 de junio de 2016 [en línea], disponible en <https://www.razon.com.mx/columnas/la-dictadura-del-paper>, consultado el 17 de abril de 2020.

INTERNATIONAL Monetary Fund [en línea], disponible en <http://www.imf.org>, consultado el 17 de abril de 2020.

JIMÉNEZ CATAÑO, Rafael, Isabel García Martínez, "Separating *vs.* Uniting Distance in Chicano Speech", *Anglica Wratislaviensia*, 2004, núm. 42, pp. 101-109. Artículo recogido también en *Revista Eletrônica do Instituto de Humanidades*, Universidade Unigranrio, 2005, Vol. IV, núm. XV [en línea], disponible en <http://publicacoes.unigranrio.edu.br/index.php/reihm/article/view/490>, consultado el 17 de abril de 2020.

__________,"Biografía e identidad en Octavio Paz: la libertad ante las libertades", *Mercurio Peruano*, 2010, núm. 523, pp. 81-88.

JIMÉNEZ CATAÑO, Rafael, "La analogía entre el Creador y el autor literario en *La Casa Pushkin* de Andrei Bítov", en Ruth Gutiérrez Delgado (ed.), *Poéticas de la persona. Estudios en homenaje a Juan José García-Noblejas*, Salamanca, Comunicación Social, 2013, pp. 123-133.

__________, "Ambigüedades del rechazo de la verdad", *Open Insight*, 2014, Vol. 5, núm. 7, pp. 227-237 [en línea], disponible en <http://openinsight.mx/index.php/open/article/view/97>, consultado el 17 de abril de 2020.

__________, "What is Persuasive in the Old and the New?", *International Journal of Cross-cultural Studies and Environmental Communication*, 2014, (1)1, pp. 9-19 [en línea], disponible en <https://crossculturenvironment.files.wordpress.com/2014/07/ijccsec-volume-1-issue-1-2014-rafael-jimc3a9nez-catano-what-is-persuasive-about-the-old-and-the-new.pdf>, consultado el 17 de abril de 2020.

__________, "Taking Care of Identity through Politeness", *Bulletin of the Transilvania University of Brasov. Series IV. Philology and Cultural Studies*, 2014, Vol. 7, 56(2), pp. 39-50 [en línea], disponible <http://www.diacronia.ro/ro/indexing/details/A18374/pdf>, consultado el 17 de abril de 2020.

__________, "Alteridad (Levinas-Paz)", en Jorge Medina, Julia Urabayen (eds.), *Lévinas confrontado*, México, Porrúa, 2014, pp. 321-333.

__________, "Taking care of Others' Image: When The Other is beyond a border", *Rhetoric and Communications*, 2018, núm. 33 [en línea], <http://rhetoric.bg/rafael-jimenez-catano-taking-care-of-the-others-image-when-the-other-is-beyond-a-border>, consultado el 17 de abril de 2020.

__________, "Social Virtues in Taking Care of the Image of Others", *Academic Journal of Modern Philology*, 2018, núm. 7, pp. 79-87 [en línea], disponible en <http://kmsi.uni.wroc.pl/upload/files/Catano.pdf>, consultado el 17 de abril de 2020.

__________, "Dialogue in view of human caring", *Studia Anglica Resoviensia*, 2019, núm. 16(1), pp. 48-59, DOI: 10.15584/sar.2019.16.4

__________, "No ceder a la tentación de la posverdad. Coloquio con Carlos Pereda", *Open Insight*, 2020, Vol. 11, núm. 21, pp. 13-29 [en línea], disponible en <http://openinsight.mx/index.php/open/issue/view/23/23>, consultado el 17 de abril de 2020.

JUAN PABLO II, Vittorio Messori, *Cruzando el umbral de la esperanza*, Barcelona, Plaza y Janés, 1994.

__________, Carta encíclica *Fides et ratio*, Ciudad del Vaticano, Libreria Editrice Vaticana, 1998.

LAKOFF, Robin, "The Logic of Politeness", en Claudia Corum, Thomas Cedric Smith-Stark, Anne Weiser (eds.), *Papers from the Nineth Regional Meeting of the Chicago Linguistic Society*, Chicago, Chicago Linguistic Society, 1973, pp. 292-305.

LAPUCCI, Carlo, *Dizionario dei Proverbi Italiani*, Florencia, Le Monnier, 2006.

LEÓN-PORTILLA, Miguel, *Filosofía náhuatl*, México, UNAM, Instituto de Investigaciones Históricas [1959], 1974.

MOLINER, María, *Diccionario de uso del español*, Madrid, Gredos [1970], 1998.

NYHAN, Brendan, Jason Reifler, "When Corrections Fail: The Persistence of Political Misperceptions", *Political Behavior*, 2010, núm. 32, pp. 303-330.

PAREYSON, Luigi, *Verità e interpretazione*, Milán, Mursia, 1971.

PAZ, Octavio, *El arco y la lira*, México, Fondo de Cultura Económica [1950], 1986.

__________, "El camino de la pasión: Ramón López Velarde", en *Cuadrivio*, México, Joaquín Mortiz [1965], 1989, pp. 67-130.

PAZ, Octavio, *Conjunciones y disyunciones*, México, Joaquín Mortiz [1969], 1985.

__________, "Lectura y contemplación", en *Sombras de obras*, México, Seix Barral [1983], 1985, pp. 13-46.

__________, "Ollin Yoliztli", en *Sombras de obras*, México, Seix Barral [1983], 1985, pp. 303-305.

__________, "Octavio Paz: entrevista de Rita Guibert", en *Pasión crítica*, Barcelona, Seix Barral, 1985, pp. 37-103.

__________, "El lugar de la prueba (Valencia, 1937)", en *Pequeña crónica de grandes días*, México, Fondo de Cultura Económica, 1990, pp. 94-106.

__________, "Cárceles de la razón", en *Al paso*, Barcelona, Seix Barral, 1992, pp. 139-148.

PEREDA, Carlos, *Razón e incertidumbre*, México, Siglo XXI, 1994.

__________, *Vértigos argumentales. Una ética de la disputa*, México, Anthropos/ Universidad Autónoma Metropolitana, 1994.

__________, *Sobre la confianza*, Barcelona, Herder, 2009.

PERELMAN, Chaïm, Lucien Olbrechts-Tyteca, *Tratado de la argumentación: la nueva retórica*, Madrid, Gredos [1959], 1989.

PÉREZ MARTÍNEZ, Herón, *Refrán viejo nunca muere*, Zamora, México, El Colegio de Michoacán, 1993.

__________, *El hablar lapidario*, Zamora, México, El Colegio de Michoacán, 1996.

POTOK, Chaim, *Mi nombre es Asher Lev*, Madrid, Encuentro [1990], 2008.

QUINE, Willard Van Orman, *Word and Object*, Cambridge, MIT Press [1960], 1983.

RADDEN, Günter, Zoltán Kövecses, "Towards a Theory of Metonymy", en Klaus-Uwe Panther, Günter Radden (eds.), *Metonymy in Language and Thought*, Amsterdam, John Benjamins, 1999, pp. 17-59.

RATZINGER, Joseph (Benedicto XVI), *Jesús de Nazaret*, Madrid, La Esfera de los Libros, 2007.

REAL Academia Española, *Diccionario de la lengua española* (22a. ed.), Madrid, Espasa Calpe, 2001.

REYES, Alfonso, *La experiencia literaria* [1942], en *Obras completas*, Vol. XIV, México, Fondo de Cultura Económica, 1962, pp. 17-233.

SACKS, Harvey, Emanuel Abraham Schegloff, Gail Jefferson, "A Simplest Systematics for the Organization of Turn-Taking for Conversation", *Language*, 1974, 50(4), pp. 696-735.

SCHOPENHAUER, Arthur, *El arte de tener razón. Expuesto en 38 estratagemas*, edición, estudio y notas de Franco Volpi, Madrid, Alianza, 2006.

SERNA, Víctor, de la (ed.), *El Mundo. Libro de estilo*, Madrid, Unidad Editorial, 1996.

SHERIDAN, Guillermo, "La confesión del profesor Garlopa", *Vuelta*, 1990, núm. 163, p. 54.

__________, "Oiga, ¿no sabe 'psycho love'?", *Vuelta*, 1992, núm. 187, p. 73.

__________, *Lugar a dudas*, México, Tusquets, 2000.

SHULMAN, Max, *Love is a fallacy* (tomado de *The Many Loves of Dobie Gillis*, 1951) [en línea], disponible en <https://www.northiowa.org/wp-content/uploads/2018/04/Love-is-a-Fallacy.pdf>, consultado el 17 de abril de 2020.

SINCLAIR, John, "Can we Have a Conversation with a Computer?", en Marina Bondi, Sorin Stati (eds.), *Dialogue Analysis 2000*, Tubinga, Niemeyer, 2003, núm. 79, pp. 92-150.

STEINER, George, *Después de Babel*, México, Fondo de Cultura Económica [1975], 1980.

__________, *Presencias reales: ¿hay algo en lo que decimos?*, Barcelona, Destino [1986], 1991.

TAPIA VELASCO, Sergio, *Filosofía de la conversación: claves para una teoría contemporánea sobre las relaciones interpersonales y el conocimiento humano a través de la interacción verbal*, Valencia, Edicep, 2014.

TORRI, Julio, "El mal actor de sus emociones", en Octavio Paz, Alí Chumacero, Homero Aridjis (eds.) *Poesía en movimiento*, México, Siglo XXI [1966], 1988, p. 406.

VAN Eemeren, Frans H., Rob Grootendorst, *Una teoria sistematica dell'argomentazione. L'approccio pragma-dialettico*, Milán, Mimesis [2004], 2008.

WALTON, Douglas, *Argumentation Schemes for Presumptive Reasoning*, Mahwah, Nueva Jersey, Lawrence Erlbaum Associates, 1996.

__________, "Ethotic Arguments and Fallacies: The Credibility Function in Multi-agent Dialogue Systems", *Pragmatics & Cognition*, 1999, 7(1), pp. 177-203.

WILDE, Oscar, *El retrato de Dorian Gray*, México, Grupo Editorial Tomo [1890], 2003.

WORLD Trade Organization [en línea], disponible en <http://www.wto.org>, consultado el 17 de abril de 2020.

Esta 1ª. edición en español consta de 500 ejemplares y se imprimió
el 31 de mayo de 2020, fiesta de Pentecostés,
del retorno a la unidad lingüística en apremiante potencial moral y práctico
tras la dispersión de Babel (George Steiner, 1929-2020),
en la imprenta Ultra digital Press, S.A. de C.V.
Ciudad de México, México